Hermann Vinke
Das kurze Leben der Sophie Scholl

Dieses Buch wurde
mit dem Deutschen Jugendsachbuchpreis
und dem Buxtehuder Bullen ausgezeichnet.

Hermann Vinke
Das kurze Leben der Sophie Scholl

Mit einem Interview mit Ilse Aichinger

Otto Maier Ravensburg

Ravensburger Junge Reihe

5 4 3 2   91 90 89 88 87

Die Originalausgabe erschien 1980
in der Reihe „Mädchen & Frauen"
im Otto Maier Verlag Ravensburg

© 1987 by Ravensburger Buchverlag Otto Maier GmbH
1. Auflage 1980
© Fotos und Zeichnungen: Inge Aicher-Scholl
Umschlaggestaltung: Rotraut Susanne Berner
Gesamtherstellung: Mohndruck, Gütersloh
Printed in Germany
ISBN 3-473-35087-7

Inhalt

Ein Buch nur über Sophie Scholl?   7

Leben in der Natur, in großen Wohnungen, im Klassenzimmer   11
„Ich drücke mein Gesicht an seine dunkle, warme Rinde…"

Leben unter dem Hakenkreuz   37
„Ich wünschte, eine Zeitlang auf einer Insel zu leben, wo ich tun und sagen darf, was ich möchte."

Im Zug, im Hörsaal, im Hinterhof – Leben mit der Angst   91
„Weiß ich denn, ob ich morgen früh noch lebe?"

Leben im Gefängnis   141
„Ich würde alles genau noch einmal so machen."

Überleben, Weiterleben   167
„Man kann nicht ohne Hoffnung leben." (Ilse Aichinger)

Sich nicht anpassen lassen…   177
Gespräch mit der Schriftstellerin Ilse Aichinger über Sophie Scholl

Zu den Bildern   188

Ein Buch nur über Sophie Scholl?

Kann man über Sophie Scholl allein überhaupt schreiben? Gehören die Geschwister Hans und Sophie Scholl nicht zusammen? So fragten einige, als ich Mitte vergangenen Jahres mit der Arbeit an diesem Buch begann. Die Antwort fiel zu Anfang nicht ganz leicht. Sophie Scholl ist mit ihrem Bruder aufgewachsen. Sie liebte ihn, wie man einen Bruder nur lieben kann. Sie studierte mit ihm in München und schloß sich der von ihm gegründeten Widerstandsgruppe, der WEISSEN ROSE, an. Gemeinsam bekämpften die Geschwister Scholl mit Flugblättern aus dem Untergrund die Hitler-Diktatur, gemeinsam mußten sie im Februar 1943 ihren Widerstand mit dem Leben bezahlen.

Dennoch ist ein Buch allein über Sophie Scholl gerechtfertigt: Sie war trotz aller Zuneigung, die sie für ihren Bruder Hans empfand, ein sehr selbständiger Mensch. Wenn sie etwas kennzeichnet, dann die Eigenständigkeit im Denken und Handeln, schon in ihren Mädchenjahren. Ihre vielen Briefe und Tagebuchaufzeichnungen* – einige werden in diesem Buch wiedergegeben – belegen dies. Ob es Beschreibungen der Natur oder des eigenen Zustandes sind, sie vermitteln eine Tiefe, die beim Leser Distanz kaum noch zuläßt. Wie vertraut mir Sophie Scholl wurde, stellte ich zu meiner eigenen Überraschung daran fest, daß ich gelegentlich – wie ihre Schwester Inge Aicher-Scholl – von »der Sophie« sprach.

Inge Aicher-Scholl – sie und ihre Schwester Elisabeth sind die Überlebenden der fünf Geschwister Scholl – erzählt in diesem Buch wichtige Abschnitte im Leben von Sophie Scholl. Als ältestes von fünf Kindern des Bürgermeisters Robert Scholl hat sie das Schicksal der beiden Geschwister Sophie und Hans aus unmittelbarer Nähe miterlebt und miterlitten. Der jüngste Bruder Werner kehrte im Zweiten Weltkrieg nicht von der Ostfront in Rußland zurück.

Inge Aicher-Scholl bewohnt heute mit ihrem Mann, dem Graphik-Designer Otl Aicher, die Rotismühle. Rotis liegt im baden-württembergischen

---

*Die Briefe und Tagebuchaufzeichnungen von Sophie und Hans Scholl erschienen, herausgegeben von Inge Jens, im Fischer Verlag.

Allgäu, in einer landschaftlich schönen und vom Lärm der Straßen und Fabriken noch unberührten Gegend. Dort hat Otl Aicher Anfang der siebziger Jahre die Rotismühle, eine ehemalige, verfallene Getreide- und Sägemühle, um- und ausgebaut und durch etliche Gebäude erweitert, die die ursprüngliche Mühle wie graphische Elemente umgeben.
In der Rotismühle habe ich mit Inge Aicher-Scholl über Sophie Scholl gesprochen. Zunächst war nur ein längeres Interview vorgesehen. Aber das Gespräch zog sich über Stunden hin und dauerte schließlich mit Unterbrechungen alles in allem etwa zweieinhalb Tage. Für Inge Aicher-Scholl, die heute 62 Jahre alt ist, war das Zurückholen der Vergangenheit ein schmerzhafter Prozeß. Die Jahre des Dritten Reichs haben für sie nichts von ihren Schrecken verloren, auch wenn sie selber nicht unmittelbar zur WEISSEN ROSE gehörte. Aber mehr noch als die anderen Geschwister hat sie die Gefahren gespürt, die der ganzen Familie drohten. Um ihre Angst zu erklären, muß man daran erinnern, daß von 1933 bis 1945 viele Menschen in der Situation von Geiseln waren, ohnmächtig der Willkür eines Diktators und seiner Handlanger ausgeliefert. Diese Handlanger kamen meistens frühmorgens in langen schwarzen Ledermänteln, der „Uniform" der Geheimen Staatspolizei. Auch bei der Familie Scholl in Ulm klingelten sie, und Inge Aicher-Scholl wurde dreimal mit abgeführt.
Wir haben unser Gespräch in der Rotismühle an einigen Stellen abgebrochen, um am nächsten Tag einen Neuanfang zu finden. Inge Aicher-Scholl mußte die Schatten der eigenen Vergangenheit überwinden, um dieses Buch möglich zu machen. Sie hat jede Phase seiner Entstehung mitvollzogen. Den Satz, daß Handeln Überwindung von Angst bedeutet, habe ich bei ihr immer wieder bestätigt gefunden.
Gemeinsam mit ihrer Schwester Elisabeth hat Inge Aicher-Scholl Kontakte zu Freunden und Freundinnen der hingerichteten Schwester hergestellt. Sie erzählen bisher unbekannte Episoden aus dem Leben von Sophie Scholl. Auch der Freund von Sophie Scholl, Fritz Hartnagel, hat sich – wenn auch zögernd – bereit erklärt, Fragen über seine Beziehung zu ihr zu beantworten. Ihm sind auch die in diesem Buch enthaltenen, bisher unveröffentlichten Briefe von Sophie Scholl an ihn zu verdanken. Fotos und Zeichnungen

stammen aus dem Privatbesitz von Inge Aicher-Scholl und werden hier zum größten Teil erstmals veröffentlicht.

Das, was dabei entstand, ist keine Biographie im herkömmlichen Sinne, sondern eine Beschreibung von Lebensstationen in Form von collagehaft zusammengefügten Berichten, Dokumenten, Briefen, Zeugenaussagen und Fotos.

Hermann Vinke   Hamburg, im April 1980

Leben in der Natur, in großen Wohnungen, im Klassenzimmer

»*Ich drücke mein Gesicht an seine dunkle, warme Rinde ...*«

»Nur die Bäume waren unsere Zuschauer«

Auf dem Tisch in dem mit hellem Holz getäfelten Wohnraum der Rotismühle liegt ein kleines Fotoalbum mit Bildern von Sophie Scholl und ihren Geschwistern. Es sind Schwarz-Weiß-Abzüge auf Hochglanzpapier. Die Aufnahmen wollen so wenig zu den Fotos passen, die bislang von Sophie Scholl veröffentlicht wurden. Ein fröhliches, schöngeschnittenes, fast jungenhaftes Gesicht. Wir, das sind Inge Aicher-Scholl und ich, sprechen über die Kindheit in Forchtenberg am Kocher. Dort, im heutigen Baden-Württemberg, wurde am 9. Mai 1921 Sophie Scholl geboren. Dort verbrachte sie im Kreis ihrer Geschwister, Inge, geboren 1917, Hans, 1918, Elisabeth, 1920, und Werner, 1922, ihre ersten sieben Lebensjahre. Für einen Augenblick gibt sich Inge Aicher-Scholl, die Schwester, einer bitteren Wehmut hin. „Wer ahnt so etwas, was aus Kindern einmal wird", sagt sie mit leiser Stimme. Dann berichtet sie über die Kinderjahre in der Kleinstadt im Kochertal. In ihrer Erzählung entsteht fast eine heile Welt. Aber angesichts der heutigen Umweltzerstörung dürfte das Forchtenberg der Zwanziger Jahre für Kinder mit einem wohlbehüteten Elternhaus tatsächlich ein kleines Paradies gewesen sein.

》 Die Umgebung von Forchtenberg war unbeschreiblich schön. Weinberge und dichte Mischwälder mit Buchen und Tannen umgrenzten das Städtchen. In diesen Wäldern verbrachten wir Stunden und manchmal ganze Tage. Wir suchten nach Beeren und Pilzen und machten Schnitzeljagden. An eine Stelle erinnere ich mich noch ganz genau. Einer verwitterten Burgruine schloß sich ein buckliger Pfarrgarten an, der mit seinen vielerlei Bäumen einem Park glich. Ein idealer Platz zum Theaterspielen. Immer wieder fiel uns etwas Neues ein, das wir ausprobierten. Theateraufführungen ohne Publikum. Nur die Bäume waren unsere Zuschauer.
An den Weinbergen waren Steinriegel angelegt, die wie Bänder von unten nach oben liefen. Wahrscheinlich haben Weinbauern die Steine im Laufe der Jahrhunderte zusammengelesen und damit die Anbauflächen unterteilt. In diesen Steinriegeln wuchs und wucherte alles an Pflanzen und Sträuchern, was zwischen den Rebstöcken nicht wachsen durfte: Holunder und Schlehen,

kleine Buchen und Tannen. Wir benutzten die Steinplatten, um uns ganze Wohnungen einzurichten. Je nach Form und Größe benutzten wir die Brocken als Tische, Stühle und sogar als Klavier. Alles in dieser Umgebung wurde zum Gegenstand. Kleine Steine waren Kirschen, größere bildeten Schüsseln. Und wenn wir ein Jahr später unsere Spielplätze wieder aufsuchten, war alles mit Moos bewachsen. Wir besaßen plötzlich ganze Häuser mit Moos-Decken und Moos-Teppichen, dichtes grünes Moos, das man anfassen konnte.

In der Gruppe der Geschwister und Freundinnen war ich die Älteste. Sophie gehörte zu den Jüngeren. Sie hatte zu meinem jüngsten Bruder Werner eine besonders enge Beziehung. Beide waren fast wie Zwillinge. Ich sehe sie noch Hand in Hand barfuß da entlang trippeln. Als wir Älteren, Hans, Elisabeth und ich, schon in die Schule gingen, blieben Sophie und Werner sozusagen übrig.

Der Kocher, in dem man heute kaum noch baden kann, war in den Zwanziger Jahren ein völlig sauberer Fluß. In der Nähe von Forchtenberg gab es im Kocher ein Wehr,

das uns Kinder besonders anzog. Auf dem Wehr sonnten wir uns und ließen das Wasser an uns vorbeiplätschern. Dort habe ich Sophie das Schwimmen beigebracht. Wir haben gar nicht lange geübt. Eines Tages – Sophie war noch keine sechs Jahre alt – sind wir zum erstenmal gemeinsam durch den Kocher geschwommen. Das war für sie ein ungeheures Erlebnis und für die damalige Zeit keine Selbstverständlichkeit, denn die Schulen ermöglichten den Kindern keinen Schwimmunterricht. Sophie genoß das Schwimmen bald sehr. Sie hatte überhaupt einen starken Zug zum Wasser. Wann immer ein Bach oder Tümpel in der Nähe war, zog sie Schuhe und Strümpfe aus und watete barfuß hindurch. Dem konnte sie einfach nicht widerstehen. Und Gelegenheiten, durch Wasser zu waten, gab es genug. Weil es in Forchtenberg mit der Kanalisation schlecht bestellt war, gab es im Frühjahr oft Überschwemmungen. Was den Erwachsenen große Sorgen bereitete, bedeutete für uns Kinder ein unersetzliches Vergnügen. Mein Vater kaufte uns Stelzen, und auf den Stelzen überquerten wir die überfluteten Straßen – stolz wie kleine Könige, die ein Stück Land hinzugewonnen hatten. «

Die Eltern: Fortschritt und soziales Engagement in konservativer Umgebung

Robert Scholl, der Vater, war in Forchtenberg Bürgermeister, eine Aufgabe, die er vorher schon in Ingersheim an der Jagst ausgeübt hatte. Er war eine beeindruckende Erscheinung – groß von Statur, zigarrenrauchend und mit Schnurrbart –, eine natürliche Autorität, die von den Kindern geachtet wurde. Auch wenn es gelegentlich wie in jeder Familie Tränen gab, war er alles andere als ein Tyrann. Die Kinder durften ihre eigenen Wege gehen. Zusammen mit seiner Frau, der ehemaligen Diakonissenschwester Magdalene Müller, verstand er es, ihnen in einer von Arbeitslosigkeit, Inflation und politischer Gewalt gekennzeichneten Zeit eine Insel der Geborgenheit zu schaffen. Robert Scholl selber stammte aus dem Mainhardter Wald, einer ärmlichen Gegend in Nord-Württemberg. Wegen seiner Begabung hatte er mit Hilfe eines evangelischen Pfarrers eine höhere Schule besucht. Im Ersten Weltkrieg gehörte er zu den wenigen Pazifisten, die die allgemeine Kriegsbegeisterung nicht mitmachten. Er diente in einer Sanitätskompanie. Jahre später, als er dann Bürgermeister von Forchtenberg war, versuchte er, einiges von seinen liberalen und fortschrittlichen Vorstellungen durchzusetzen. Inge Aicher-Scholl, die Tochter, über ihre Eltern:

» Die einzige Verbindung zwischen Forchtenberg und der Außenwelt war eine alte gelbe Postkutsche, die die Bewohner unserer Stadt in langer rumpelnder Fahrt zur nächsten Bahnstation brachte. Mit dieser Weltabgeschiedenheit wollte sich mein Vater nicht abfinden. Gegen mannigfachen Widerstand setzte er durch, daß die Eisenbahn im Kochertal bis nach Forchtenberg verlängert wurde. Das war seine große kommunale Leistung. Aber darüber hinaus hat er noch mehr für die Stadt und die Bauern und Handwerker in der Umgebung getan. Er ließ eine Turnhalle und ein großes Lagerhaus errichten. Das Lagerhaus war ein landwirtschaftliches Gebäude, in dem die Ernte gesammelt werden konnte. Er sorgte auch für den Ausbau der Kanalisation und die Ausbesserung der durch Hochwasser schwer beschädigten Straßen. Manche Leute haben seine Leistungen anerkannt und ihn deshalb geschätzt. Aber unter den Bauern und Handwerkern gab es auch viele, die zum Beispiel sagten: ›Eine Kanalisation haben wir bisher nicht gehabt.

Wozu brauchen wir sie jetzt? Liberale Gedanken, auf Fortschritt und Veränderung gerichtete Auffassungen, das war für die konservativen Bauern etwas Schlimmes. Das war ein Dorn im Auge mancher Alteingesessenen. Sogar der Pfarrer fuhr eines Tages meinen Vater einmal an, als er sah, daß dieser die Zeitschrift ›Die Menschheit‹ des Sozialhumanisten Friedrich Wilhelm Förster las. Empört raunzte er: ›So etwas lesen Sie?!‹ Manchmal fühlte sich mein Vater wie ein Fremder. Was er nicht konnte und nicht mochte und was eigentlich ein Bürgermeister in einer solchen Gegend können muß, das war: in der Wirtschaft sitzen und mit den Leuten Viertele trinken, denn das Kochertal ist ja ein Weinanbaugebiet. Das tat er nicht, auch später nicht. Ich spürte als Kind genau – und vielleicht ist es Sophie ähnlich ergangen –, daß bestimmte Gruppen gegen meinen Vater waren, daß sie ihn in seiner aufgeschlossenen Welt nicht verstanden. Dieses im negativen Sinn Mittelalterliche empfanden wir deutlich.

Meine Eltern haben sich im Ersten Weltkrieg in einem Lazarett in Ludwigsburg kennengelernt. Weil mein Vater den Kriegsdienst mit der Waffe ablehnte, mußte er für das Rote Kreuz verwundete Soldaten betreuen. In dem Ludwigsburger Lazarett arbeitete meine Mutter als Krankenschwester. Sie war eine fröhliche, den Menschen und dem Leben zugewandte Frau. Später, als Frau des Bürgermeisters, kümmerte sie sich weiter um soziale Belange – nicht weil das sozusagen dazugehörte, sondern weil sie sich zu den Kranken und Sozial-Schwachen hingezogen fühlte.

Was uns Kinder angeht, so interessierte sie sich für alles, was uns berührte und was wir erlebten. Sie lebte total mit uns. An einem Beispiel will ich deutlich machen, daß sie in ihrer Erziehung eine gewisse konsequente Art besaß. Eines Tages hatte ich Krach mit einer Mitschülerin und meine Mutter gebeten, mit zur Schule zu kommen und diesem Mädchen gehörig die Meinung zu sagen. Sie willigte zunächst ein, begleitete mich zum Schulhof und ging dann, ohne ein Wort zu sagen, weiter. Ich stand dort also allein und begriff schließlich, was sie mir zu verstehen geben wollte: ›In Streitigkeiten anderer soll man sich nicht einmischen. Du mußt selber damit fertig werden!‹

»Mein Vater hat immer große Wohnungen gemietet«

An unserem Gespräch in der Rotismühle nimmt zeitweise auch Otl Aicher teil. Er kennt die Familie Scholl seit seiner Jugend. Nach seiner Meinung hat Robert Scholl für die Kinder eine große Bedeutung gehabt, »weil er ein liberaler Mann war, nicht liberal im Sinne des Großbürgertums oder des Deutschnationalen, sondern im Sinne von Fortschritt und Veränderung«. In dem Gegensatz zwischen dem Bürgermeister und den Einwohnern in Forchtenberg spiegelte sich die Weimarer Zeit wider. »Die politische Gesinnung wurde damals deutlich zur Schau getragen. Man äußerte seine Auffassung, und zwar keineswegs mit großer Vorsicht. Im Gegenteil. Und weil Robert Scholl ein Liberaler war, war auch dessen Gesinnung schnell bekannt.« In der Unterhaltung sind sich Otl Aicher und Inge Aicher-Scholl nicht einig, nach welchem Elternteil sich die Geschwister Hans und Sophie entwickelt haben. Inge Aicher-Scholl ist der Ansicht, daß zwischen ihrem Bruder Hans und der Mutter eine enge seelische Verwandtschaft bestanden habe, daß der Bruder von der Veranlagung her ihr sehr nahe gewesen sei. Otl Aicher widerspricht ihr:

»Ich sehe es ganz anders. Von der Ähnlichkeit her, von der Struktur ihrer Person, vom Charakter glich Sophie eher der Mutter. Schon was die äußere Ähnlichkeit angeht: ihre dunklen Augen, ihre Körpergröße – sie war kleiner als Hans –, der Körperbau – sie war ein sportlicher Typ mit fast jungenhaften Zügen –, ihr Verhalten – sie war ein stiller Typ und hat, wie die Mutter, eigentlich wenig geredet. Hans dagegen war impulsiver und lebhafter und glich damit mehr seinem Vater. Auch von der Statur her glichen die beiden einander. Hans war groß wie sein Vater.«

Bis 1930 konnte sich Robert Scholl als Bürgermeister von Forchtenberg halten. Dann wählten ihn die Einwohner ab. Sie fühlten sich in ihrer mittelalterlichen Ruhe zu sehr aufgestört. Die siebenköpfige Familie zog nach Ludwigsburg, wo Robert Scholl ihr ein neues Zuhause einrichtete. Ludwigsburg war nur eine Zwischenstation für zwei Jahre. 1932 folgte der Umzug nach Ulm, in die Stadt an der Donau, die sich im Vergleich zu

Forchtenberg fast großstädtisch und weltoffen zeigte. Dort machte sich der Vater als Steuer- und Wirtschaftsberater selbständig. Inge Aicher-Scholl hat die häufigen Umzüge nicht als Belastung empfunden:

»In Forchtenberg besaßen wir eine geräumige Wohnung im Rathaus. In Ludwigsburg mietete mein Vater in der Nähe des Bahnhofs die für eine große Familie erforderlichen Zimmer. Das Gebäude stammte aus der Zeit um die Jahrhundertwende, hatte hohe Räume und einen langen Flur, der vor unserem Schlafzimmer endete. Mein Vater hat immer große Wohnungen gemietet, auch wenn es uns noch so schlecht ging. Er meinte, jeder müsse sich in der Wohnung bewegen und jedem auch einmal aus dem Weg gehen können. Meine Mutter bügelte diese Großzügigkeit gelegentlich finanziell damit aus, daß sie ein Zimmer vermietete. Die Ludwigsburger Wohnung hatte auch den Vorteil, daß sie ganz in der Nähe des Jagdschlosses Favorite mit dem dazugehörigen Schloßpark lag. Jeder Einwohner konnte sich einen Schlüssel mieten und für einige Stunden das Gefühl genießen, über ein kleines Schloß mit einem Park zu verfügen. Freundinnen oder Nachbarskinder zum Geburtstag einzuladen oder einfach mitzubringen, war kein Problem. Nie sagte meine Mutter: ›Aber heute möchte ich hier niemanden sehen, ich habe gerade geputzt.‹ Die anderen Mädchen kamen einfach mit. Meistens gab es auch für sie etwas zu essen, und manchmal durften sie sogar über Nacht bleiben.

In Ulm bekamen wir nach einer Übergangszeit eine schöne große Wohnung am Münsterplatz, die im Laufe der Zeit zu einem beliebten Treffpunkt für alle möglichen Freunde und Bekannten wurde. Durch die hohen Fenster konnten wir direkt auf das Ulmer Münster und auf den Münsterplatz sehen, so daß wir immer im Bilde darüber waren, was dort passierte. Und es passierte immer etwas, und wenn es nur die Tauben waren, die sich über den Pferdemist hermachten.

In solch großen Wohnungen hatten wir alle Möglichkeiten, uns zu beschäftigen. Bücher spielten dabei eine große Rolle, und zwar von frühester Kindheit an. Sophies erste

Bücher waren ›Die Wurzelkinder‹, der ›Struwwelpeter‹, die Bilderbibel von Schnorr von Carolsfeld, natürlich Grimms und Hauffs ›Märchen und – ganz wichtig – das Ludwig-Richter-Buch, ein dickes Sammelsurium von Gedichten, Sprüchen, Märchen und Geschichten, illustriert von Ludwig Richter, das wir alle heiß liebten, auch wenn oder gerade weil manches Gedicht uns rätselhaft unverständlich und faszinierend erschien. Gelegentlich hat uns auch ein Lehrer nachmittags im Freien vorgelesen, zum Beispiel ›Robinson Crusoe‹, ›Rulaman‹ und Heimatgeschichten. Später kamen Gedichte und Prosastücke von Rainer Maria Rilke und Hölderlin und vielen anderen Dichtern hinzu. Sophie spielte auch gern mit Puppen. Da meine Mutter dieses Kinder-Hobby geradezu kultivierte, konnte sie mit Puppen besonders gut umgehen. In jedem Jahr wurden zu Weihnachten die Puppenstuben neu ausgestattet und neue Puppenkleider genäht. Als Sophie schon etwas älter war, wünschte sie sich zu Weihnachten ein großes Puppenbett mit richtigen Rädern. Sie sagte, später, wenn sie selber ein Kind habe, wolle sie es hineinlegen. 《

Schläge mit dem Rohrstock
oder Beispiele für das Erwachsenwerden

Schulen waren auch in den Jahren der Weimarer Republik mit ihrer ersten demokratischen Verfassung überwiegend noch Anstalten zur Einübung von Untertanengeist. Lehrer besaßen das Recht, Kinder zu züchtigen, das heißt, ihre körperliche Überlegenheit auszuspielen und sie zu schlagen. Und von diesem Recht machten sie reichlich Gebrauch. Sophie Scholl hat das auch einmal gespürt. Da sie im Elternhaus gelernt hatte zu widersprechen, wenn sie anderer Meinung war, mochte sie sich mit den Ungerechtigkeiten im Schulbetrieb nicht abfinden. Das Lernen selbst bereitete ihr keine Schwierigkeiten, und deshalb blieben ihr auch viele Konflikte erspart. In Forchtenberg und Ludwigsburg absolvierte sie die ersten Grundschuljahre. In Ulm trat Sophie Scholl in die Mädchen-Oberrealschule ein und bestand im März 1940 die Reifeprüfung, die Voraussetzung zum Besuch einer Universität. Inge Aicher-Scholl schildert Begebenheiten aus der Schulzeit ihrer Schwester. Es sind Beispiele für das Erwachsenwerden von Sophie Scholl:

» In Forchtenberg gab es noch die Strafe der Tatzen. Dabei schlug der Lehrer mit einem Rohrstock dem Schüler in die flache Hand. Solche Schläge schmerzten empfindlich, und nicht selten schwoll die Handfläche anschließend an. Sophie hat, soweit ich weiß, ein einziges Mal eine Tatze bekommen. Ansonsten brauchte sie in der Schule nicht zu leiden, dafür war sie eine zu gute Schülerin. Das gilt besonders für die Grundschule. Der Wechsel in die Mädchen-Oberrealschule ging reibungslos vonstatten. Dieser Übergang war für sie deshalb wichtig, weil ihre beiden Schwestern, Elisabeth und ich, diesen Aufstieg bereits geschafft hatten. Die Leistungen der Schüler in den Grundschulen wurden damals nicht nur nach Noten gemessen. Sie drückten sich auch in der Plazierung im Klassenzimmer aus. Wer sich hervortat, rückte nach vorn. Wer in seinen Leistungen nachließ, mußte nach hinten rücken. Außerdem enthielt das Zeugnis am Ende eines Schuljahres einen Vermerk über den Sitzplatz. Bei diesem ständigen Versetzen passierte es, daß meine Schwester Elisabeth ausgerechnet an ihrem Geburtstag einen Platz heruntergestuft wurde, wahrscheinlich aus einem ziemlich nebensächlichen Grund. Sophie saß im selben Klassenraum – oft wurden

zwei oder drei Jahrgänge von einem Lehrer gemeinsam unterrichtet. Das Zurücksetzen meiner Schwester empörte sie derartig und verletzte ihr Gerechtigkeitsgefühl so sehr, daß sie nach vorn zum Lehrer ging und protestierte: ›Meine Schwester Elisabeth hat heute Geburtstag, die setze ich wieder hinauf!‹ Der Lehrer ließ es geschehen.

Sophies Empfinden für Gerechtigkeit war stark ausgeprägt. Es fehlte ihr auch nicht an Mut, sich zur Wehr zu setzen und spontanen Protest anzumelden, wenn jemand ihrer Meinung nach ungerecht behandelt wurde. Auf der anderen Seite war sie ein nach innen gekehrter Mensch, nachdenklich und manchmal beinahe schüchtern. Ein Ereignis, das schon in die Schulzeit in Ulm fällt, verdeutlicht das.

Sophie war damals 14 Jahre alt. Sie unternahm mit ihrer Klasse einen Ausflug ins Blautal, einem Nebenflüßchen der Donau, das an einigen Stellen von steilen Kalkfelsen begrenzt wird. Nicht nur Wasser, auch Felsen und Bäume übten auf sie eine fast magische Anziehungskraft aus. Als ihre Lehrerin gerade etwas erklärte, kletterte sie mit beinahe schlafwandlerischer Sicherheit den

steilen Felsen hinauf. Oben angekommen, blickte sie fröhlich nach unten auf ihre Klassenkameradinnen und bemerkte dabei, daß alle wie erstarrt zu ihr hinaufschauten. Jemand anders hätte jetzt vielleicht gerufen: ›Kommt doch rauf!‹ Sie drehte sich jedoch sofort um und kletterte ganz still wieder nach unten. Ihrer Lehrerin mußte sie das Versprechen geben, nie wieder auf einen so gefährlichen Felsen zu klettern.
Die Reaktion auf das Erschrecken der anderen kennzeichnet Sophie. Diese stille, in sich gekehrte Art bewahrte sie sich. Bei allen möglichen Anlässen sofort losreden und losplatzen, das konnte sie nicht. Sie nahm sich Zeit, etwas zu überdenken. Und wenn sie dann etwas sagte oder aufschrieb, spürte man dieses Nachdenken. 《

Sie war stolz wie eine Königin

Erwachsenwerden, der Übergang von der Kindheit zur Jugend – das ist im Leben der meisten Menschen eine der schwierigsten Phasen. Viele Mädchen empfinden dabei den Beginn ihrer Periode als wichtigen Einschnitt. Inge Aicher-Scholl spricht darüber ganz ungezwungen. Pubertät und Sexualität waren in ihrem Elternhaus keine Tabus. Trotzdem empfindet sie rückblickend diese Zeit als bedrückend, weniger für ihre Schwester Sophie als für sich selbst:

》 Es klingt heute vielleicht merkwürdig, aber das gemeinsame Singen und Musizieren – Sophie brachte es beim Klavierspiel ganz schön weit –, hat uns über manche Bedrängnisse jener Jahre hinweggeholfen. Da konnte man seinen ganzen Kummer hinaussingen, den Kummer der Entwicklungsjahre, in denen man nicht so recht weiß, wohin man gehört. Die Kindheit verliert man allmählich, und das ist schon ein ziemlich gewalttätiger Abschied, und erwachsen ist man noch nicht. Ich habe immer gedacht: Mit 21 Jahren hab ich's geschafft. Bis dahin muß ich klettern und nochmal klettern. Dann bin ich auf der Hochebene angelangt, und dann ist Friede, Schluß, aus. Eine ganz absurde Vorstellung.
Ich erinnere mich noch genau, wie ich zum erstenmal die Periode hatte. Das war noch in Ludwigsburg. Ich kam in eine neue Klasse, alle stürzten sich auf mich und fragten: ›Hast du's schon?‹ Ich war ganz verlegen, denn ich hatte ›es‹ noch nicht. An einem Wintertag beim Schlittenfahren im Ludwigsburger Schloßpark spürte ich plötzlich: Jetzt hatte ich ›es‹. Eigentlich war ich unangenehm berührt von dieser Schweinerei. Seltsamerweise hatte ich eine Scheu, mit meiner Mutter darüber zu sprechen, obwohl das für sie etwas Selbstverständliches und zugleich etwas Wichtiges war.
Bei Sophie verlief dieser Einschnitt ganz anders. Wir wohnten schon in Ulm, und sie mag inzwischen 14 Jahre alt gewesen sein. Als die Periode kam, war sie stolz wie eine Königin. Interessant und auch bezeichnend für die an sich rationale Sophie, daß sie körperlich so stark empfunden hat. Sophie hat das Schlafen genossen, das Im-Gras-Liegen, das Schwimmen und eben auch die Auszeichnung, eine Frau zu sein,

und ein Symbol dafür: die Periode. Später hat Sophie es mit ihrer Regel ziemlich schwer gehabt. Manchmal bedrückte es sie, weil sie jedesmal diese Schmerzen hatte. Sie empfand es auch als ungerecht, daß Mädchen diese Blutungen haben und Jungen nicht. Mit solchen Schwierigkeiten wurde sie aber dennoch ganz gut fertig. Sie konnte sich überhaupt leicht auf veränderte Situationen einstellen. Das war eine Fähigkeit, die uns vor allem unsere Mutter vermittelte.

Sophie war öfter krank als wir andern, und meine Mutter brachte dafür viel Verständnis auf. Wo andere Mütter vielleicht gesagt hätten: ›Nun geht schon in die Schule!‹ da war sie dafür, zu Hause zu bleiben. Sie war der Meinung, Kinder sollten ab und zu ausschlafen, und schrieb dann eine Entschuldigung für den Lehrer. Darin stand, daß ihr Kind krank gewesen sei. Das war nicht gelogen, denn ein Schnupfen mußte es schon sein...

Eines Tages traf ich Sophie im Bett an – wir drei Schwestern schliefen gemeinsam in einem großen Zimmer –, und ich dachte schon, es ginge ihr nicht gut. Doch sie saß aufrecht im Bett und schrieb etwas. Ich fragte sie: ›Was machst du denn da?‹ Sie antwortete: ›Ich mache mein Testament!‹ Das klang so umwerfend komisch, wenn man die ungeheure Habe bedenkt, die wir hätten vererben können. Wenn ich mir jetzt dieses Effektenverzeichnis noch einmal vorstelle, dann denke ich: Es war tatsächlich eine Art Testament. Sie hat es dann in die Nachttischschublade gelegt. Das Papier existiert heute nicht mehr. ❮❮

Eine Liebeserklärung an die Natur

Sophie Scholl hat in ihrem kurzen Leben eine Menge geschrieben. Sie führte Tagebuch, tauschte zahlreiche Briefe mit Bekannten, Freunden und Verwandten, und sie verfaßte Aufsätze und kurze Geschichten für den Unterricht und für sich selber. Schreiben war für sie ein Mittel, um sich über sich selbst oder ihren Zustand klar zu werden. Schreiben, das heißt: Schleifen der Seele zu Gedanken. Als später die Freunde an der Front waren, bedeutete Briefeschreiben, sie zu »halten«, weil sie doppelt auf Kommunikation angewiesen waren. In einem ihrer späteren Aufsätze beschreibt die 18jährige Sophie Scholl eine Wiese. Der Text ist eine schwärmerische Liebeserklärung an die Natur, und dennoch ohne Übertreibungen.

So wenig ich einen klaren Bach sehen kann, ohne nicht mindestens die Füße hineinzuhängen, genausowenig kann ich an einer Wiese zur Maienzeit vorübergehen. Es gibt nichts Verlockenderes als solchen duftenden Grund, über dem die Blüten der Wiesenkerbel wie ein lichter Schaum schweben, daraus Obstbäume ihre blütenbesteckten Zweige recken, als wollten sie sich erretten aus diesem Meer der Seligkeit. – Nein, ich muß meinem Wege untreu werden, muß mich hineinsinken lassen in diese reiche Fülle vielgestaltigen Lebens.

An nichts anderes mehr denkend, stolpere ich die blumenüberwucherte Böschung hinab und stehe bis über die Knie inmitten saftiger Gräser und Blumen. Sie streifen meine Arme beim Niederknien, ein Hahnenfuß berührt kühl meine Wange, eine Grasspitze kitzelt mein Ohr, daß mich einen Augenblick eine Gänsehaut überrieselt. Es ist ein ähnliches Gefühl, wie wenn mir eine junge Katze mit ihrem feuchten kalten Schnäuzchen an der Ohrmuschel schnuppert. Ein bißchen Schauer und ein bißchen Süße ist dabei.

Erst jetzt sehe ich all das kleine Getier, das sich im Grunde des Rasens aufhält. Ein winziger Käfer setzt eifrig Beinchen vor Beinchen (o Gott, sechs Beinchen und nicht ein einziges verwechselt er!), um meine Fingerspitze zu erklimmen. Und wenn ich meine Hand umdrehe, krabbelt er eifrig denselben Weg wieder zurück. Ich will das böse Spiel aber nicht weitertreiben und bringe meinen Zeigefinger so nahe an eine Butter-

blume heran, daß er hinübersteigen kann. Zwar kann ich es nicht sehen, aber ich denke mir, daß seine Brust ein Seufzer der Erleichterung hob. Es bleibt nicht bei dem einen. Ganz freiwillig krabbeln allerlei Wiesenbewohner an mir herum, über Stirn und Nase, die Beine herauf, den Nacken hinunter. Ich dulde dies heute alles gerne, ja, ich fühle mich gewissermaßen geehrt, daß sie mich auf diese Weise auszeichnen. Ich liege ganz ruhig im Gras, mit ausgestreckten Armen und angezogenen Beinen, und bin glücklich. Durch die blühenden Zweige eines Apfelbaumes sehe ich den blauen Vorsommerhimmel über mir, freundliche weiße Wolkengebilde schwimmen sachte durch mein Blickfeld.
Um mich herum empfinde ich all das Sprießen; ich freue mich an den Wiesenkerbelstauden, auf denen Wölkchen winziger schwarzer Käferchen wohnen, an den rotgetönten Sauerampfern, an den schlanken Gräsern, die sich leise nach Osten neigen. Wenn ich meinen Kopf wende, berührt er den rauhen Stamm eines Apfelbaumes neben mir. Wie beschützend er seine guten Äste über mir ausbreitet! Spüre ich nicht, wie unaufhörlich Säfte aus seinen Wurzeln steigen, um auch das kleinste Blättchen sorgend zu erhalten? Höre ich vielleicht einen geheimen Pulsschlag? Ich drücke mein Gesicht an seine dunkle, warme Rinde und denke: Heimat, und bin so unsäglich dankbar in diesem Augenblick.

Ein Grün, das einen erschlagen kann

Sophie Scholl drückte ihre Gedanken und Empfindungen nicht nur durch Schreiben aus. Sie besaß auch eine musikalische und eine zeichnerische Begabung. Viele ihrer Skizzen und Arbeiten sind erhalten geblieben. An Anregungen fehlte es nicht, denn zum Freundeskreis der Familie gehörten in Ulm auch Maler und Bildhauer, die gern etwas von ihren Fähigkeiten und Ideen weitergaben, zum Beispiel Otl Aicher, Bertl Kley und Wilhelm Geyer. Inge Aicher-Scholl berichtet:

»Malen und Zeichnen – das gehörte schon von Kindheit an zu unseren Hauptbeschäftigungen. Von uns Kindern besaß Sophie die größte Begabung auf diesem Gebiet. Ich selber hatte mir eingebildet, es als Malerin auch zu etwas zu bringen, aber mit 15 Jahren hörte meine künstlerische Laufbahn schlagartig auf. Fortan betätigte ich mich als Mäzen für Sophie. Ich kaufte Bücher, Farben und andere Malutensilien, und manchmal stellte ich sie vom Geschirr-Abwaschen und Ab-

trocknen frei, damit sie Zeit zum Malen hatte. Auf eine bestimmte Art war sie mein Schützling und das kleine Genie, das ich zu fördern hatte. Anregungen und Ideen kamen von Künstlern, die zum Freundeskreis der Familie gehörten. Einer davon, Bertl Kley, lud uns oft zu sich ein. Stundenlang durften wir seine Bilder betrachten und mit ihm über Farben und Flächen diskutieren. Bei einer solchen Gelegenheit erzählte Bertl Kley einmal, wie ihn ein bestimmtes Grün beinahe erschlagen habe. Diesen Satz habe ich noch heute im Ohr. Mensch, dachte ich damals, kann einen eine Farbe erschlagen? Und dann sah ich dieses leuchtende Grün und war überzeugt, daß dieses Grün einen wirklich erschlagen konnte.

Sophie malte am liebsten Kinder, wahrscheinlich weil sie Kinder so sehr mochte. Sie zeichnete mit ganz zarten Strichen. Später versuchte sie, mit Wasser- und Wachsfarben zu arbeiten. Schließlich fing sie an zu modellieren, nachdem sie Otl Aicher bei der Arbeit zugesehen hatte. Großes Vergnügen bereitete ihr auch, längere Texte zu illustrieren. Gemeinsam haben wir uns zum Beispiel ein Märchen ausgedacht. Ich schrieb den Text, und sie lieferte die Zeichnungen. Für einen Freund hat sie das Märchen ›Peter Pan‹ illustriert, für einen andern eine Erzählung von Georg Heym, ›Der Nachmittag‹.

Ihr Stil änderte sich im Laufe der Zeit. Zunächst hielt sie nicht viel von modernen Darstellungen. Aber unter dem Einfluß des Ulmer Malers Wilhelm Geyer, der auch zum Freundeskreis der Familie zählte, bekam Sophie eine andere Einstellung zur expressionistischen Kunst. Wilhelm Geyer arbeitete später öfter auch in München, als Sophie und Hans dort studierten. Er war schon früh von den Nationalsozialisten als entarteter Künstler abqualifiziert worden. Seine zentralen Themen waren solche aus dem Alten und Neuen Testament. Seine Kirchenfenster konnte er für mutige Pfarrer in aller Stille weitergestalten, etwas vom Schönsten übrigens, was aus jenen Zeiten erhalten blieb.

Meine Hilfestellung für Sophie empfinde ich im nachhinein nicht als Bevormundung – auch nicht nur als Fürsorge, es war einfach selbstverständlich. Für alle Geschwister galt, daß künstlerische Menschen etwas Besonderes sind und man dem Rechnung tragen muß. Sophie hat sich

selber übrigens nie so gesehen. Sie hielt sich nicht für etwas Besonderes, im Gegenteil. Sie war von einer harten Bescheidenheit und außerdem mit einer merkwürdigen Ironie ausgestattet, die ihr auch als eine Art Selbstschutz diente. Diese Ironie bewahrte sie davor, Allüren zu bekommen, und half ihr, sich von verstiegenen Welten fernzuhalten. Als nach dem Abitur die Frage auftrat, welchem Studienfach sich Sophie zuwenden sollte, und wir erwarteten, daß sie in eine Kunstakademie eintreten werde, waren wir alle platt, als sie entschieden erklärte: ›Kunst kann man doch nicht lernen. Ich studiere Biologie.‹ «

Leben unter dem Hakenkreuz

»*Ich wünschte, eine Zeitlang auf einer Insel zu leben, wo ich tun und sagen darf, was ich möchte.*«

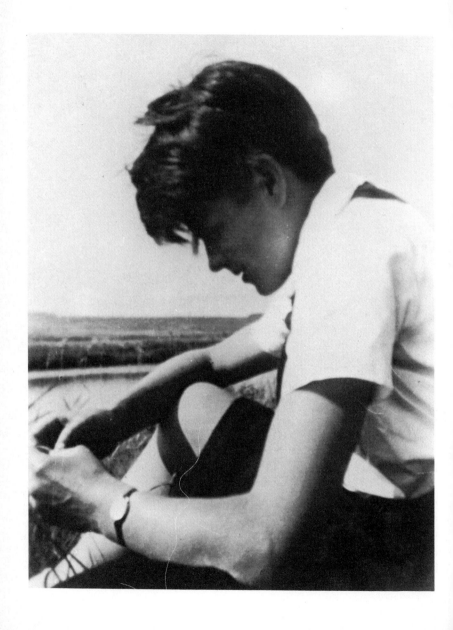

»Jetzt ist Hitler an die Regierung gekommen«

Malen und Musizieren waren für die Geschwister Scholl nur ein kleiner Teil ihrer Freizeitbeschäftigung, der größere gehörte bald einer politischen Jugendorganisation, die sie selber zunächst gar nicht als politisch empfanden: der Hitler-Jugend (HJ). Am 30. Januar 1933 war Adolf Hitler an die Macht gekommen – ein Ereignis, das der politisch wache Robert Scholl als etwas Bedrohliches empfand, das die meisten Erwachsenen aber nicht alarmiert hatte. In den Jahren zuvor hatte die Regierung oft gewechselt; die neue unterschied sich von den vorangegangenen unter anderem dadurch, daß sie sich verstärkt um die jungen Menschen »bemühte«. Die Hitler-Jugend war eine Organisation, die bereits seit 1926 bestand, aber erst im Dritten Reich auf breiter Ebene ausgebaut wurde. Inge Aicher-Scholl hat in ihrem 1953 erschienenen Buch DIE WEISSE ROSE beschrieben, wie sie den 30. Januar 1933, den Tag der Machtergreifung Hitlers, erlebt hat:

》 An einem Morgen hörte ich auf der Schultreppe eine Klassenkameradin zur andern sagen: ›Jetzt ist Hitler an die Regierung gekommen.‹ Und das Radio und alle Zeitungen verkündeten: ›Nun wird alles besser werden in Deutschland. Hitler hat das Ruder ergriffen.‹
Zum erstenmal trat die Politik in unser Leben. Hans war damals fünfzehn Jahre alt, Sophie zwölf. Wir hörten viel vom Vaterland reden, von Kameradschaft, Volksgemeinschaft und Heimatliebe. Das imponierte uns, und wir horchten begeistert auf, wenn wir in der Schule oder auf der Straße davon sprechen hörten. Denn unsere Heimat liebten wir sehr...

Das Vaterland, was war es anderes als die größere Heimat all derer, die die gleiche Sprache sprachen und zum selben Volke gehörten. Wir liebten es und konnten kaum sagen, warum. Man hatte bisher ja auch nie viele Worte darüber gemacht. Aber jetzt, jetzt wurde es groß und leuchtend an den Himmel geschrieben. Und Hitler, so hörten wir überall, Hitler wolle diesem Vaterland zu Größe, Glück und Wohlstand verhelfen; er wolle sorgen, daß jeder Arbeit und Brot habe; nicht ruhen und rasten wolle er, bis jeder einzelne Deutsche ein unabhängiger, freier und glücklicher Mensch in seinem Vaterland sei. Wir fanden das gut, und was immer wir dazu bei-

»tragen konnten, wollten wir tun...
Wir waren mit Leib und Seele dabei,
und konnten es nicht verstehen, daß
unser Vater nicht glücklich und stolz ja dazu sagte.«

In der Familie Scholl gab es heftige Auseinandersetzungen, an die sich Inge Aicher-Scholl heute noch gut erinnert:

»Durch den Streit fiel – ob wir's wollten oder nicht – ein ernüchterndes Licht auf unsere Vorstellungen von der neuen Zeit. Es kam die Sprache auf die Zwanziger Jahre, die Folgen des Ersten Weltkrieges wie Inflation, Arbeitslosigkeit und wirtschaftliche Misere. Unser Vater sagte: ›Wenn den Menschen erst die nackte Existenz untergraben ist und sie die Zukunft nur noch wie eine graue Wand sehen, dann hören sie leichter auf Versprechungen, ohne zu fragen, wer sie macht.‹ Auftrumpfend bestanden wir bei den Auseinandersetzungen in den folgenden Monaten darauf, daß Hitler ja sein Versprechen gehalten habe, die Arbeitslosigkeit zu beseitigen. Wenn wir stolz auf die Autobahnen hinwiesen, konnten wir vom Vater hören: ›Habt ihr nachgedacht, wie er das bewerkstelligt? Die Kriegsindustrie kurbelt er an, Kasernen werden gebaut. Wißt ihr, wo das enden wird? Außerdem – die materielle Sicherheit wird uns nie zufrieden machen. Wir sind doch Menschen, die ihre freie Meinung, ihre eigenen politischen Ideen, ihren eigenen Glauben haben. Eine Regierung, die an diese Dinge rührt, hat keinen Anspruch auf unser Vertrauen.‹«

Konflikt mit der Hitler-Jugend

Die Warnungen des Vaters schienen zunächst vergeblich. Nach und nach traten die Geschwister Scholl der Hitler-Jugend beziehungsweise ihren Untergliederungen bei: zuerst Hans, dann Inge, Elisabeth und schließlich auch Sophie und Werner. Die Zugehörigkeit zur jeweiligen Gruppe richtete sich nach dem Alter: für die 10- bis 14jährigen Jungen gab es das Jungvolk, für die 10- bis 14jährigen Mädchen die Jungmädel. Hitler-Jugend im engeren Sinne waren die 14- bis 18jährigen Jungen. Die Mädchen in diesem Alter gehörten dem Bund Deutscher Mädel (BDM) an. Für die drei Schwestern ebenso wie für Hans Scholl bedeutete die Mitgliedschaft in der HJ eine Herausforderung. Die Gruppe nahm sie ernst, stellte ihnen Aufgaben und verlangte ihnen etwas ab. Wer sich bewährte, durfte nach dem Motto ›Jugend von Jugend geführt‹ über andere bestimmen. So wurden die Scholl-Kinder bald zu Jugendführern.

Das Gruppenleben der Mädchen war nicht so reglementiert wie das der Jungen – im Bewußtsein des ›Führers‹ nahm die Erziehung von Mädchen keinen so großen Platz wie die der Jungen ein –, aber grundlegende Unterschiede gab es dennoch nicht: Uniformen, Fahnenhissen, Appelle und Aufmärsche, alle wurden ständig in Trab gehalten. Sophie Scholl merkte bald, daß ein erheblicher Teil dieser Aktivitäten künstlich, das heißt sinnlos war. Das störte sie, ebenso wie die Behandlung der Juden, die zu ihrem Freundes- und Bekanntenkreis gehörten, ihr zu schaffen machte. Inge Aicher-Scholl schildert im Gespräch, wie der Konflikt mit der HJ entstand:

» Soviel ich mich erinnern kann, hat der Begeisterungssturm der Jahre 1933/34 Sophie nicht so mitgerissen wie Hans und mich. So fröhlich sie bei dem Jungmädelbetrieb mitgemacht hat, beim Zelten, Wandern und den Geländespielen, so beeindruckend die feierlichen Sprüche und Lieder beim Feuer- oder Fackelschein gewesen sein mochten, sie konnten Sophie nie ganz vereinnahmen. Vielleicht war der permanente Betrieb, mit dem man damals die jungen Menschen in Atem hielt, mit ein Grund für sie, sich allmählich zu distanzieren.

Ich erinnere mich an eine Fahrradtour. Abends sagte ein 15jähriges Mädchen plötzlich: ›Es wäre alles so schön, wenn die Sache mit den

Juden nicht wäre.‹ Zur Schulklasse von Sophie in Ulm gehörten zwei Schülerinnen, die Jüdinnen waren: Luise Nathan und Anneliese Wallersteiner, Töchter aus angesehenen Ulmer Familien. Beide durften dem BDM nicht beitreten, was Sophie immer wieder empörte. ›Warum darf Luise, die blonde Haare und blaue Augen hat, nicht Mitglied sein, während ich mit meinen dunklen Haaren und dunklen Augen BDM-Mitglied bin‹, fragte sie immer wieder. Den Rassismus gegen die Juden, den verstand sie weder, noch billigte sie ihn. Die Freundschaft zu Anneliese Wallersteiner hielt sie bewußt aufrecht, und sie brachte sie öfter mit nach Hause. Daß eine solche Freundschaft eigentlich nicht erlaubt war, bedrückte sie.

Noch ein anderes Erlebnis stimmte Sophie nachdenklich. Wir unternahmen eines Tages einen Ausflug auf die Schwäbische Alb. Das Ganze nannte sich Staatsjugendtag des BDM und war entsprechend aufgezogen: mit vielen Fahnen, Uniformen und Aufmärschen. Zufällig stießen Sophie und ich auf ein Zelt mit Jungen, die keine HJ-Uniform trugen. Das machte uns neugierig. Wir sprachen sie an und provozierten sie ein wenig mit unseren Ansichten über den Nationalsozialismus. Dabei merkten wir, daß der eine Junge plötzlich die Lippen zusammendrückte und nichts mehr sagte. Da ahnten wir: Er war Jude und mußte schweigen, um sich und die andern nicht in Gefahr zu bringen. Auch wir beide hatten nichts mehr zu sagen und verabschiedeten uns schweigend. Wir fanden Leute sympathisch, die wir von Staats wegen ablehnen sollten – und je mehr wir sie abzulehnen versuchten, desto stärker zogen sie uns an.

Bei den häufigen Auseinandersetzungen zwischen Vater und Hans war Sophie eine aufmerksame Beobachterin. Hans hatte einen wohl ziemlich chauvinistischen Geschichtslehrer. Wenn er von der Schule kam und berichtete, wie begeistert der Lehrer vom ›Führer‹, von Deutschland und den Deutschen gesprochen, wie er sie den hassenswerten, dekadenten Franzosen leuchtend gegenübergestellt hatte, kam es meistens zu einem heftigen Wortwechsel. Mein Vater warnte immer wieder davor, alles kritiklos hinzunehmen, was der Lehrer sagte. Aber das wollte Hans gerade nicht hören.

Mein Vater war zutiefst verletzt durch das, was er täglich von seinem Fenster aus beobachten mußte: die ewigen Aufmärsche, das aufgeblasene Gehabe der hiesigen Nazis, die gehässigen Artikel in den Zeitungen. Er wollte die Wirklichkeit ins Spiel bringen und seinen Sohn damit überzeugen. Doch dieser blieb bei seiner Meinung. Er mußte – wie jeder Heranwachsende – seine Erfahrungen selber sammeln.
Der Streit zwischen den beiden legte sich, nachdem Hans 1936 am Parteitag der Nationalsozialistischen Arbeiterpartei (NSDAP) in Nürnberg teilgenommen hatte. Im Frühjahr hatte man ihn ausersehen, die Fahne seines Stammes in Nürnberg zu tragen. Das war eine große Auszeichnung, zu der ihm die andern gratulierten. Ich weiß noch, wie Mädchen zu mir sagten: ›Euer Hans, der sieht so gut aus. Der ist der Richtige, die Fahne des Stammes beim Parteitag zu tragen.‹

Als mein Bruder aus Nürnberg zurückkam, erschien er uns völlig verändert: müde, deprimiert und verschlossen. Er sagte nichts, aber jeder spürte, daß etwas passiert sein mußte zwischen ihm und der Hitler-Jugend. Nach und nach erfuhren wir es. Der unsinnige Drill, die vormilitärischen Aufmärsche, das dumme Geschwätz, die ordinären Witze – das alles hatte ihn fertiggemacht. Von morgens bis abends Antreten, immer wieder Reden, und dann diese künstliche Begeisterung. Zeit für ein vernünftiges Gespräch blieb nicht.

Was in Nürnberg passiert war, irritierte Sophie wie uns alle. Nürnberg – das war noch nicht der Bruch, wohl aber der erste Riß, der uns von dieser Welt der Hitlerjugend und des BDM trennte. «

Per Autostop über Land

Für Hans Scholl gewann neben der HJ eine andere Jugendorganisation immer mehr an Bedeutung, die sich Anfang der dreißiger Jahre in den größeren deutschen Städten zu entwickeln begonnen hatte: die ›Deutsche Jungenschaft vom 1. 11.‹. Ihre Mitglieder sprachen nur von der ›d.j.1.11.‹ nach dem Gründungstag 1. November 1929. Die ›d.j.1.11.‹ war ein später Ableger der bündischen Jugend, die um die Jahrhundertwende entstanden war und als Wandervogelbewegung Natur und Umwelt neu entdeckt hatte. Inge Aicher-Scholl und ihr Mann Otl Aicher beschreiben die ›d.j.1.11.‹. Zunächst Otl Aicher:

》 Bei der ›d.j.1.11.‹ schwang die Aufgeschlossenheit der Zwanziger Jahre herein. Sie war nicht deutschnational und auch nicht ausschließlich an der Natur orientiert, sondern aufgeschlossen gegenüber einer neuen Kultur und einer urbanen Welt. Das zeigte sich schon in der Art, wie man sich anzog und in der Öffentlichkeit zeigte. Die ›Wandervögel‹ mit ihrer Wanderkluft und ihren Rucksäcken sowie die Radfahrer waren verpönt. Die Jungen der ›d.j.1.11.‹ standen lieber an der Straße und zogen per Autostop über Land, aber nicht in den Schwarzwald oder in den Bayerischen Wald, sondern nach Schweden, Finnland oder Sizilien. Diese Art zu leben war nicht die handgestrickte der Wandervögel, sondern eine kulturell und überhaupt in jeder Hinsicht offene kosmopolitische Lebensweise.

Bücher spielten dabei eine wichtige Rolle. Sie entdeckten die Literatur und beschäftigten sich mit dem, was später als entartete Kunst bezeichnet wurde. Sie stiegen ein in eine grundsätzliche philosophische Auseinandersetzung. Friedrich Nietzsche war ein großes Thema, auch Stefan George. Überhaupt war jedes Buch eine Entdeckung. Bis in die Nacht hinein lasen sie aus den Büchern vor; diskutierten und planten die nächste Lektüre. 《

War schon die Wandervogelbewegung ein Versuch gewesen, der Jugend und damit auch der Gesellschaft Alternativen und neue Möglichkeiten zu zeigen, so ging die ›d.j.1.11.‹ noch ein Stück weiter. Inge Aicher-Scholl:

» Die ›d.j.1.11.‹ hatte einen faszinierenden Stil – vergleichbar dem ›Bauhaus‹, der neuen Richtung in der Architektur und Kunst der Zwanziger Jahre. Um einige Beispiele zu nennen: Die Mitglieder der Gruppe benutzten die Kleinschrift. Sie liebten die Lyrik und machten selber Gedichte. Sie spielten Theater, komponierten und sangen unvergeßliche Chorgesänge. Meistens waren es russische oder skandinavische Lieder. An den Wochenenden, auch im Winter, zogen sie mit der Kothe, dem charakteristischen Zelt der Lappen, hinaus. Sie machten Feuer, kochten Tee und lebten ihr eigenes Leben. Die Gruppe nannte sich auch autonome Jungenschaft, unabhängig von Konfession, Partei, Elternhaus, Schule – eine eigenständige Jugendgruppe. Hans und später auch Ernst Reden, ein junger Schriftsteller aus Köln, der in Ulm seinen Militärdienst ableisten mußte, gehörten dazu. «

Die bündische Jugend und damit auch die ›d.j.1.11.‹ waren nach der Machtübernahme im Januar 1933 schon bald verboten worden. Neben der HJ und dem BDM duldeten die Nationalsozialisten keine eigenständigen Jugendorganisationen. Und gerade unter diesem Verbot entwickelte sich in Ulm – wie in anderen deutschen Städten – um Hans Scholl eine ›d.j.1.11.‹-Gruppe, denn das kleinkarierte nationalistische Denken der Hitlerjugend konnten auch andere Jungen nicht mehr nachvollziehen. Je größer im Laufe der Zeit die Enttäuschung und die Kritik an der HJ wurde, »die nur noch das Deutsche sah, nur noch das eine Volk, dem sich andere unterzuordnen hatten«, wie Otl Aicher es ausdrückt, desto wichtiger wurde der Zusammenhalt in der Gruppe. Abseits vom offiziellen NS-Rummel organisierten die Jungen regelmäßige Treffen. Die Bücher von verbotenen Dichtern wurden gelesen, Drucke und Kunstpostkarten von verfemten Malern – ein begehrtes Sammelobjekt – ausgetauscht und die bei der HJ verpönten russischen, skandinavischen und Zigeuner-Lieder gesungen. Die Lieder wurden hektographiert und in grau-roten Heften zusammengestellt. Jeder der Jungen besaß diese Hefte. Inge und Sophie Scholl gehörten der ›d.j.1.11.‹ nicht an, denn es handelte sich um eine Gruppe nur für Jungen ab 12 Jahren.

Aber sie lernten diese Form von Zusammenleben in unmittelbarer Nähe kennen und wurden von ihr beeinflußt. Dazu noch einmal Inge Aicher-Scholl:

》 Mit dieser Gruppe trat für Hans und Werner Scholl und im Gefolge auch für ihre Schwestern eine neue soziale Einheit an die Stelle des familiären Einflusses. Dies konnte sich damals auch innerhalb der Familie abspielen. Die Jungen hatten ihren Platz und ihre Bude. Die Mutter durfte Tee, den man fortwährend trank, bereiten und den Hefekranz bereitstellen. Mehr Einmischung gab es nicht. Und für den Vater war die Welt der Jungen eine so andersartige, daß er sich zurückhielt, wenn sie sich in ihrer Sprache unterhielten.
Da die ›d.j.1.11.‹ ein Jungenbund war, konnten wir Schwestern nur indirekt daran teilnehmen. Wir lernten Bücher durch sie kennen, sangen ihre Lieder, wußten viel von ihren Fahrten, auch wenn wir nicht dabei waren. 《

Im offenen Lastwagen nach Stuttgart

Der Geheimen Staatspolizei blieben die illegalen Aktivitäten der ›d.j.1.11.‹ nicht verborgen. Im Spätherbst des Jahres 1937 holte sie in ganz Deutschland zum Schlag aus und ließ auch die Kinder des Ulmer Steuer- und Wirtschaftsberaters Robert Scholl festnehmen und ein Verfahren wegen »bündischer Umtriebe« einleiten. Inge Scholl machte ebenso wie ihre Schwester Sophie und die Brüder Hans und Werner zum erstenmal Bekanntschaft mit einem Gefängnis. Sie berichtet:

» Eines Tages im November 1937 klingelte es frühmorgens an der Wohnungstür. Zwei Männer forderten Einlaß. Sie wiesen sich als Gestapo-Beamte aus und erklärten, sie müßten die Wohnung durchsuchen und anschließend die Kinder mitnehmen. Meine Eltern waren schockiert. Sie konnten sich nicht vorstellen, daß etwas Ernsthaftes gegen uns vorlag. Dennoch reagierte meine Mutter geistesgegenwärtig. Wenn überhaupt etwas vorlag, dann konnte es sich nur um die beiden Jungen handeln. Sie nahm einen Korb und sagte zu den Beamten: ›Die Herren werden entschuldigen. Ich muß noch schnell zum Bäcker.‹ Den ›Herren‹ war das recht. Was sollte die Frau dabei sein?
Meine Mutter verließ das Zimmer. Im Dachgeschoß hatten meine Brüder ihre Betten. Sie stieg die Treppe hinauf und packte alles in den Korb, was ihr verdächtig erschien. Den Korb brachte sie zu Bekannten in der Nachbarschaft. Als sie zurückkehrte, waren die Gestapo-Beamten mit ihrer Durchsuchung fertig und wollten gerade die Kinder mitnehmen. Aber da hat meine Mutter aufgetrumpft. Mein Gott, konnte sie plötzlich reden. Aber ihr Zorn half nichts, Sophie, Werner und ich mußten mit. Wir wurden in das Ortsgefängnis eingesperrt. Hans war damals schon beim Militär. Ihn hatte man in der Kaserne festgenommen. Im Gefängnis ließ man uns einen Tag lang sitzen, getrennt, versteht sich. Schließlich erfuhren wir, daß Sophie sofort wieder entlassen worden war. Die Beamten hatten sie versehentlich mitgenommen, weil sie sie für einen Jungen gehalten hatten.
Werner und ich wurden am Abend dieses denkwürdigen Tages in einem offenen Lastwagen auf der soeben fertiggestellten Autobahn von Ulm

nach Stuttgart gebracht. Es war eine ziemlich schreckliche Fahrt. Wir fuhren zusammen mit den anderen, ebenfalls festgenommenen Jungen ohne warme Kleider bei Schneegestöber über die Schwäbische Alb, die ohnehin recht windig ist. In Stuttgart wurde jeder in eine Zelle gesperrt. Keiner wußte, was noch passieren würde.

In der Zelle mußte ich an den 30. Juni 1934 denken, an Hitlers blutige Abrechnung mit SA-Führern. Damals hatte ich gedacht: Schrecklich, daß er Leute, die seine Freunde waren, plötzlich umbringen läßt. Vielleicht ist alles nur ein Mißverständnis. Und jetzt, drei Jahre später, saß auch ich im Gefängnis. Über und unter mir Schritte, Knarren und Türenknallen. Wer weiß, dachte ich, vielleicht sind auch Vater und Mutter verhaftet, und vielleicht ist es wieder so ein Mißverständnis wie 1934.

Acht Tage blieben wir eingesperrt – wir durften weder lesen noch arbeiten –, bis wir dann zur Vernehmung geholt wurden. Zwei Gestapo-Beamte lösten einander dabei ab. Wenn dem einen nichts mehr einfiel, fragte der andere weiter. Eine Frage lautete: ›Haben Sie mal etwas von einem Widerstandskreis gehört?‹ Ich antwortete: ›Ja, ich habe davon in der Zeitung gelesen.‹ Gemeint war die Sache mit Ernst Niekisch, dem Herausgeber der Zeitschrift ›Widerstand‹, der kurz vorher verhaftet worden war. Der Beamte wollte mehr wissen: ›Und was haben Sie sich dabei gedacht?‹ Ich sagte: ›Ich denke, das ist ein Freundeskreis, der sich zusammengetan hat, um das Böse zu bekämpfen.‹ Da haben sie schallend gelacht. Das erschien ihnen so was von saudumm... Und ich dachte: Vielleicht ist es gut, wenn sie lachen. Ich habe auch mitgelacht. Dann wollten sie wissen: ›Bei Ihnen in der Wohnung gab es diese grauroten Bücher. Was können Sie dazu sagen?‹ Meine Antwort war: ›Ich finde, grau-rot ist eine schöne Farbzusammenstellung.‹ Da haben sie genauso brüllend gelacht. Das war vielleicht mein Glück, denn die grauroten Bücher waren die Bücher und Hefte der ›d.j.1.11.‹.

Nach der Vernehmung ließ man uns schließlich gehen. Meine Mutter hatte von unserer Entlassung erfahren und war nach Stuttgart gekommen, um uns abzuholen. Als sie dort im Vorraum des Gefängnisses stand, gelassen, mit Vesper für uns in der

Tasche, mußte ich denken: So ist sie, unsere Mutter. Wir besuchten zunächst Freunde in Stuttgart, dann fuhren wir mit ihr nach Ulm zurück. Mein Bruder Hans blieb fast fünf Wochen im Gefängnis. Schlüsselfiguren wie ihn und Ernst Reden, der ebenfalls verhaftet worden war, haben sie länger dabehalten. Hans hatte beim Militär einen verständnisvollen Rittmeister als Vorgesetzten. Dieser ging immer wieder zum Gefängnis und erklärte der Gestapo: ›Hans Scholl ist unser Mann. Wenn es etwas zu regeln gibt, dann regeln wir das selber.‹ Auf diese Weise hat er seine Entlassung erreicht. Ernst Reden, den wir damals alle sehr bewunderten – er war ein literarischer Typ –, mußte dagegen über ein halbes Jahr im Konzentrationslager Welzheim bleiben.

Die Tatsache, daß meine Geschwister und ich im Gefängnis gewesen waren, wirkte sich für Sophie natürlich nachteilig aus. In der Schule wurde sie immer wieder darauf angesprochen und gefragt: ›Was habt ihr denn angestellt?‹ Ich weiß nicht, was sie im einzelnen geantwortet hat, aber auf jeden Fall war sie sehr stolz. Es kam ein Gefühl in ihr auf, das später mein Bruder Hans in Rußland ausgesprochen hat, als meine Mutter ihm schrieb, er solle ein Gnadengesuch für den damals inhaftierten Vater einreichen. Hans lehnte ab mit der Begründung: ›Wir müssen das anders tragen als andere. Das ist eine Auszeichnung!‹ Ich glaube, Sophie empfand unsere Verhaftung auch als eine Auszeichnung.

In diesem Zusammenhang muß ich noch einmal die Eltern erwähnen. Die Familie war damals eine Insel der Geborgenheit. Der Streit zwischen meinem Vater und Hans gehörte seit der Verhaftung endgültig der Vergangenheit an. In der Familie war es üblich, nach dem Abendessen noch ein Stück spazieren zu gehen, am liebsten an der Donau entlang. In der Zeit, als Hans noch im Gefängnis saß, sind wir Geschwister oft mit dem Vater spazierengegangen. Ich spürte, wie schwer ihn unsere Festnahme getroffen hatte. Eines Abends – wir hatten uns bei ihm eingehakt: Sophie auf der einen, ich auf der anderen Seite – machte sich mein Vater Luft. Er drückte meinen Arm an sich und sagte: ›Wenn die meinen Kindern etwas antun, gehe ich nach Berlin und knalle ihn nieder.‹ Ihn – damit war Hitler gemeint. Später, als Hans

und Sophie schon tot waren und wir, die Übriggebliebenen, wieder im Gefängnis saßen, mußte ich oft denken: Wie wenig man nach Berlin gehen und den, der seinen Kindern etwas antat, abknallen konnte. Wie ohnmächtig man war! Aber er hat es gesagt, und es hat sich mir fest eingeprägt. Einen solchen Satz vergißt man nicht, weil er das Gefühl gibt: Du stehst auf Granit. Du hast jemanden hinter dir. Das ist wichtig in solchen Zeiten.
Wir Geschwister hatten jetzt nämlich mehr denn je das Gefühl, daß der Boden unter unseren Füßen porös und unsicher geworden war. Als ich nach dem Gefängnisaufenthalt nicht mehr dem BDM angehörte, berichtete mir eines Tages ein Mädchen entsetzt von einer Führerbesprechung, an der Sophie teilgenommen hatte. Eine hohe BDM-Führerin sei eigens aus Stuttgart gekommen, um mit den Mädchen über die Lektüre an den Heimabenden zu sprechen. Mit größter Selbstverständlichkeit habe Sophie vorgeschlagen, Heinrich Heine zu lesen. Als sie gemerkt habe, wie die anderen schroff und ablehnend reagierten, weil Heine ein jüdischer Dichter war, habe sie fast flüsternd gesagt: ›Wer Heinrich Heine nicht kennt, kennt die deutsche Literatur nicht.‹ «

»Sie tanzte mit großer Hingabe«

Der Schock der Verhaftung wirkte noch lange nach. Er veranlaßte Hans und Inge Scholl, innerlich endgültig mit dem Nationalsozialismus zu brechen. Sophie Scholl, die Jüngere, war noch nicht soweit. Sie brauchte Zeit, um Einzelerfahrungen zu einem Entschluß reifen zu lassen. So wurde sie mehrfach vor die Schulleitung zitiert, die – wie sie zu Hause leicht amüsiert und verstört zugleich erzählte – irgendetwas Geheimnisvolles aus ihr herauskramen wollte, Teilnahme an einem Geheimbund oder so etwas. Dies trug eher dazu bei, ihr Selbstbewußtsein zu heben. Die Heimabende erlebte sie zunehmend distanzierter, erst recht, da die Hitlerjugend als Staatsjugend zur Pflicht gemacht worden war. Daneben zeichnete und malte sie weiter und besuchte wie viele andere Mädchen in ihrem Alter Tanzveranstaltungen. Inge Aicher-Scholl weiß noch genau, welche Schlager damals in Mode waren:

》 Wir haben gemeinsam Faschings- und Künstlerbälle besucht. Tango, Foxtrott und English-Waltz waren damals modern. Es gab viele Schlager, nach denen man sehr gut tanzen konnte. Einige davon werden heute gelegentlich noch gespielt, zum Beispiel ›Ich tanze mit dir in den Himmel hinein‹. Sophie war im Gegensatz zu mir eine ausgezeichnete Tänzerin. Sie tanzte mit großer Hingabe, konzentriert und sehr still. Sie ließ sich von der Musik forttragen, vergaß ihre Umgebung und stellte sich ganz auf ihren Partner ein. In einem ihrer Briefe schrieb sie, eine Schulfreundin habe sich über ihre ›unanständige Tanzweise‹ beschwert. Sie bemerkte dazu, sie könne nichts dafür, wenn andere das unanständig fänden. Tanzen war für sie etwas Befreiendes.

Oft trafen wir uns auch nachmittags bei einer Freundin in Ulm, bei Anneliese, die ein Grammophon und Platten zum Tanzen besaß. Bei ihr haben sich 1937 Sophie und Fritz Hartnagel kennengelernt. Sophie war damals 16 Jahre alt, Fritz Hartnagel war vier Jahre älter. Er hatte gerade die Kriegsschule in Potsdam absolviert und war nun Oberfähnrich in Augsburg. Die Ritterlichkeit, die er im Offiziersstand zu sehen glaubte, hatte ihn zum Offiziersberuf gezogen. Zudem beobachtete man – wie Fritz Hartnagel mir erklärt hat – beim damaligen Offi-

zierskorps eine gewisse Distanz gegenüber der Partei. Aus der Sicht der inzwischen verbotenen Jugendbewegung, aus der Fritz Hartnagel kam, verkörperte für ihn das Offizierskorps eine verpflichtende Elite. Aus der ersten flüchtigen Bekanntschaft der beiden wurde im Laufe der folgenden Jahre eine enge Freundschaft, die auch durch häufige Trennung und Krieg nicht zerstört werden konnte. Da sie sich nur selten sahen, wechselten sie immer wieder Briefe. Die meisten schrieb allerdings Sophie, für die dieser Kontakt lebenswichtig wurde. «

Im Laufe unseres Gesprächs frage ich Inge Aicher-Scholl, ob Themen wie Liebe, Freundschaft und Sexualität in dem Kreis, in dem sie und ihre Schwester damals lebten, tabuisiert waren. Ihre Antwort:

» Daß Sexualität tabuisiert war, glaube ich nicht, weil sie einen ganz anderen Stellenwert hatte wie heute. Sie hatte damals nicht die zentrale Bedeutung. Soviel ich mich erinnere, gebrauchte man auch eher das Wort Erotik, und dieses eigentlich immer in Verbindung mit Liebe. Liebe, das war ein ganzer Kosmos, und es war gleichzeitig Zärtlichkeit mit dem kleinen Finger, Zärtlichkeit mit den Augen.

Liebe war in allen Gegenständen, die es gab. Dazu gehörte auch die körperliche Zärtlichkeit und das, was heute an erster Stelle gewünscht wird, die sexuelle Vereinigung. Das war nichts Negatives, aber es stand nicht am Anfang. Man hat die Lust zum Warten gehabt. Das Warten und das Wissen, daß man zusammenwächst, war ja auch eine Lust. Ich weiß, daß ich jetzt auf junge Leute hoffnungslos altmodisch wirke. Aber ich will es bewußt so sagen, wie es war und wie ich es wünschte, daß es noch sein könnte.

Ein Beispiel dafür, wie wenig das Sexuelle tabu war: Sophie und ich schliefen immer im selben Zimmer. Das war ein richtiges Mädchenzimmer mit einem kleinen Gang zwischen den Betten. Jeder hatte seinen Nachtschrank. Ein Waschbecken, ein paar Bilder und die unvermeidliche Puppenwiege gehörten dazu. Ein Jahr vor ihrem Abitur nahm Sophie im Biologieunterricht die Zeugungsvorgänge durch. Eines Abends sagte sie zu mir: ›Du, wir haben heute etwas Tolles gelernt. Ich möchte dir das gern erklären.‹ Sie schlüpfte zu mir unter die Decke, nahm Block und Zeichenstift und zeichnete genau auf, was die Biologielehrerin ihr beigebracht hatte. Mit ihrem nüchternen Enthusiasmus holte sie bei mir etwas nach, was ich in der Schule nicht mitbekommen hatte.«

Sexualität, Freundschaft und Liebe im Dritten Reich – dazu macht Sebastian Haffner in seinem Buch ›Anmerkungen zu Hitler‹ (1978) einige Ausführungen. In dem Kapitel »Leistungen« nennt Haffner auch die Umwälzung in der Sexualmoral und die Frauenemanzipation. Er schreibt: »Tatsächlich aber hat sie (die Frauenemanzipation), besonders in der zweiten, kriegerischen Sechsjahresspanne des Regimes, große Sprünge gemacht, und zwar mit voller Billigung und oft kräftiger Nachhilfe seitens der Partei und Staat. Niemals sind Frauen in so viele Männerberufe und Männerfunktionen eingerückt wie im Zweiten Weltkrieg...«
Das »Einrücken« war natürlich kriegsbedingt, und ob es einer tatsächlichen Gleichberechtigung der Frauen diente, ist höchst fraglich. Fortschritte bei der Emanzipation hatte es in den Zwanziger Jahren gegeben. Danach wurden auf diesem Gebiet »große Sprünge« rückwärts gemacht. Hitler hatte mit Frauen bekanntlich nicht viel im Sinn. Er benutzte sie als Werkzeug für seine politischen Ziele. »Frauen sollten vor allem zu gebärfreudigen Müttern erzogen werden«, sagt Inge Aicher-Scholl. »Hitler brauchte Kanonenfutter und Kolonialherren für den Osten. Deshalb wurde der Mutterkult propagiert.«

Bücher: Erste Spuren des Widerstandes

Sophie Scholl las damals viel und hatte einen großen Freundeskreis. Über seine Bedeutung erzählt Inge Aicher-Scholl:

» Die Bücher, die wir lasen, – ob von Thomas Mann, Bernard Shaw, Stefan Zweig, Werner Bergengruen oder Paul Claudel – wurden ähnlich wie die modernen Bilder zu Anklägern gegen die Gesellschaft. Sie machten in uns Front gegen den Nationalsozialismus, mobilisierten unsere Auflehnung.
Aber die Bücher fielen nicht vom Himmel, sie kamen aus den Händen junger Freunde. Dieser Freundeskreis nahm in jener Zeit eine zentrale Bedeutung im Leben von Sophie ein. Freundschaft, das bedeutete damals auch Zusammengehörigkeit in der Abwehr gegen den Hitler-Staat. Ich erinnere mich, daß die Frau des Geislinger Malers Kley einmal sagte: ›Wir haben einen großen Freundeskreis, und alle sind gegen Hitler eingestellt. Und jeder dieser Freunde hat wieder einen Freundeskreis, der auch gegen Hitler ist – und so fort und so fort. Ein riesiges unterirdisches Netz gegen Hitler. Wenn man das zum gemeinsamen Handeln bringen könnte.‹

Und die Freunde begannen, sich gegenseitig auf Bücher aufmerksam zu machen. Ich wage zu sagen, daß diese Bücher zu ersten Spuren des Widerstandes wurden. Aber mehr noch. Man begann, Konsequenzen zu ziehen. Man kapierte, daß Erfahrungen nicht aus Büchern, sondern aus dem eigenen Tun kommen. Stimulieren konnten Bücher, Erkenntnisse vermitteln, Lichter aufgehen lassen. Aber das Existentielle ergab sich erst aus der Verwirklichung von dem, was man selbst als richtig erkannt hatte.

So war es für uns alle ein einschneidendes Erlebnis, als Otl Aicher, der nie der Hitler-Jugend angehört hatte, sich weigerte, im letzten Augenblick vor der Abiturprüfung in die HJ einzutreten, nur weil die Schulbehörde dies verlangte. Manche wohlmeinende Erwachsene haben ihm augenzwinkernd zureden wollen, doch die paar Tage Mitgliedschaft in Kauf zu nehmen, pro forma natürlich, damit er das Abitur nicht gefährde. Aber pro forma gab es für ihn nicht. Er blieb konsequent. Otl war einer der Freunde, der uns solche Bücher in die Hand gegeben hatte wie: Sokrates' ›Verteidigungsrede‹, die ›Bekenntnisse‹ des Augustinus, Pascals ›Pensées‹, Theodor Haecker ›Was ist der Mensch?‹ und französische Philosophen und Schriftsteller wie Maritain, Bernanos oder Bloi. Er wurde für Sophie zu einem der wichtigsten Gefährten in ihren letzten Lebensjahren, ebenso wie ihr jüngster Bruder Werner.

Als Hans zum Militär mußte und Elisabeth außerhalb des Hauses ihre Berufsausbildung absolvierte, blieben – wie in den Kinderjahren – Sophie und Werner übrig. Werner hing sehr an ihr, und ihm verdanken wir die schönsten Fotos von Sophie. Er begann damals, sich in seinem etwas abgelegenen Zimmer eine kleine Bibliothek der Weltreligionen aufzubauen. Schon während der ›d.j. 1.11.‹-Zeit war er auf Laotse gestoßen. Jetzt kam Buddha hinzu, Konfuzius, Schriften des Sanskrit, der Koran, dann die griechischen Philosophen. Durch seinen Freund Otl Aicher entdeckte er die Zeugnisse des Urchristentums und die großen christlichen Denker. Somit war Werner der erste von uns, der sich intensiv mit dem Christentum beschäftigte.

Nebenher trieb er ganz andere Dinge, meistens in der Nacht. So waren eines Morgens die Augen der überdimensionalen steinernen Justitia vor dem Ulmer Gerichtsgebäude mit einer Hakenkreuzflagge verbunden, die, wie wir später erfuhren, von Werner stammte. Bei einer anderen Gelegenheit, und zwar bei einer Festversammlung der Nazis, erzielte er durch Knallkapseln, die er dem Festredner vor Beginn gelegt hatte, einen ungeahnten Erfolg. 《

Der Mond kämpft mit den Wolken
oder »Ich möchte aber viel lieber Kuchen«

Die letzten beiden Jahre vor ihrer Reifeprüfung im März 1940 verliefen für Sophie Scholl – äußerlich betrachtet – ohne größere Konflikte. Sie widmete dem Unterricht gerade so viel Aufmerksamkeit, wie zur Wahrung ihres Leistungsniveaus notwendig war. *Manchmal kommt mir die Schule vor wie ein Film,* meint sie in einem Brief, *ich sehe zu und bin beim Mitspielen beinahe ausgeschaltet.* So wirkte sie auch auf ihre Biologielehrerin Dr. Else Fries. Die Pädagogin beschrieb ihr Verhalten im Unterricht als »total unbeteiligt«. Wenn sie Sophie jedoch etwas gefragt habe, sei sie sofort präsent gewesen und habe die Antwort gewußt.

Neben der Schule ging die Gymnasiastin weiter ihren Hobbys nach, vor allem den künstlerischen: Zeichnen und gelegentlich auch Töpfern. Einer Freundin teilte sie im November 1938 mit, daß sie beim Aktmalen immer noch Männer zeichnen müsse. Der Maler, der ihr dies beibringe, habe gesagt, die Männer seien beim Aktmalen das Brot und die Frauen der

Kuchen. Sophie an ihre Freundin: *Ich möchte aber viel lieber Kuchen!* Im Sommer blieb das Baden ihre Lieblingsbeschäftigung. Sie liebte es aber auch, einfach draußen zu sein, sich unter einen Baum zu stellen, um *sich gehen zu lassen.* Ihr Verhältnis zur Natur änderte sich nicht, wurde eher noch inniger. Sie konnte den Gleichmut von Rosen bewundern und dem Wind ungeahnte Seiten abgewinnen: *Hier auf dem Münsterplatz erlaubt sich der Wind so lustige Witze, daß man dumm wäre, wenn man nicht lachen würde.*

In den Sommerferien des Jahres 1938 unternahm sie zusammen mit Freundinnen und ihrem Bruder Werner einen Ausflug an die Nordsee und erlebte dabei auch eine stürmische Fahrt mit einem Fischkutter. Ein Jahr später, 1939, hielt sie sich für einige Tage im Künstlerdorf Worpswede bei Bremen auf, wo sie manchen Künstlern bei ihrer Arbeit zuschauen durfte. Sie lernte das Werk der Malerin Paula Modersohn im Bremer Landesmuseum kennen, für die sie eine große Verehrung empfand. Über Heinrich Vogeler, dessen zarte Bilder sie mit dem Jugendstil in Berührung brachten, erfuhr sie, daß er Deutschland verlassen hatte.

Mit den Norddeutschen konnte Sophie Scholl nicht so recht warm werden. Bei solchen Reisen sehnte sie sich immer schnell nach ihrem Schwabenland zurück. Sie plante ihre Ferien möglichst rechtzeitig und sparte sich eisern das dafür erforderliche Taschengeld zusammen. Manchmal dachte sie auch weit in die Zukunft. *Wenn es möglich ist,* erklärte sie eines Tages, *gehe ich später mal aufs Land; ich glaube, ich vertrage die Stadt schlecht.*

Ihre Beziehung zu Fritz Hartnagel wurde im Laufe der Zeit enger und fester, obwohl sie sich das Verhältnis anfangs ganz anders vorgestellt hatte. Hartnagel sollte einer von ihren Freunden sein, mehr nicht. Aber was der Verstand wünschte, das ließen die Gefühle nicht zu. In einem Brief vom 7. November 1939 an den Freund beschrieb sie ihre Rolle in der Beziehung zu ihm:

Ich kann ganz ruhig an Dich denken. Und ich bin froh, es so ohne jede Verpflichtung tun zu können, wie ich will. Es ist schön, wenn zwei miteinander gehen, ohne sich zu versprechen, wir treffen uns da und da

wieder, oder wir wollen immer beieinander bleiben. Sie gehen so einfach ein Stück zusammen, und wenn es sich gibt, daß sich ihre Wege trennen, so geht jedes in seiner Richtung so ruhig weiter.

In einem anderen Brief, geschrieben am 28. November 1939, heißt es:

Solange ich nichts von Dir habe, denke ich abends immer an unseren Spaziergang auf dem schmalen Uferweg an der Donau. Seither haben wir beinahe jede Nacht einen sichtbaren Mond. Erinnerst Du Dich noch, wie der Mond mit Wolken focht? Heute ist er rund und verschwommen, mit einem riesigen Hof, dessen äußerster Rand alle Regenbogenfarben besitzt.

Der Mond kämpft mit den Wolken – ein schönes Bild, das zugleich etwas über die Beziehung zwischen Sophie Scholl und Fritz Hartnagel aussagt. Besitzansprüche des einen auf den anderen gab es nicht. Beide gingen mit der Zärtlichkeit und den Gefühlen, die sie füreinander empfanden, sparsam um. An einer Stelle schreibt Sophie Scholl, sie befürchte, in ihrem Freund etwas zu wecken und großzuziehen, was vielleicht einmal umkommen müsse. Sie spürte, wie zerbrechlich diese Freundschaft war, wie leicht der Krieg und die politischen Ereignisse sie zerstören konnten. In dem Brief vom 28. November 1939 fuhr Sophie Scholl fort:

Mein lieber Fritz, vermutlich wird Dir mein ganzer Brief sehr fremd vorkommen. Vermutlich wirst Du so sehr viel zu sehen und zu tun haben, daß Du nicht mehr an Dich zu denken die Zeit hast. Ich habe deshalb ein bißchen Angst. Nicht wahr, manchmal abends denkst Du an mich? Du träumst dann manchmal von unseren Ferien. Aber denke nicht nur an mich, wie ich bin, sondern auch wie ich sein möchte. Erst wenn Du mich dann noch ebenso lieb hast, können wir uns ganz verstehen. Wir kennen uns viel zu wenig, ich bin sehr viel schuld daran. Ich hatte dies Gefühl immer, und war zu bequem, es zu ändern. Du sollst nicht glauben, daß uns dies trennt, denn ich bemühe mich sehr, bei Dir in Gedanken zu sein, Dich nur noch zu halten. Aber ich glaube auch nicht, daß dies im Krieg keine Rolle spielt. Ein schweres Ereignis ist kein Grund, sich gehen zu lassen. Mein Lieber, verstehe mich richtig, und entschuldige nur, was Dir an diesem Brief ungeschickt erscheint. Vielleicht sind viele von meinen Worten läppisch, verletzend, überflüssig. Dann denke daran, daß ich von mir aus urteile, vielleicht denke, ich fühle meine Eigenschaften in Dich hinein. Einen Gruß von Herzen. Deine Sophie.

»Sag nicht, es ist fürs Vaterland«
Briefe gegen den Krieg

Wann sich Sophie Scholl endgültig vom Nationalsozialismus lossagte, ist im Nachhinein nicht mehr genau festzustellen. In den beiden letzten Schuljahren gewann sie trotz der äußeren Unbeschwertheit dieser Zeit Klarheit in ihrer Einstellung zum NS-Regime. Zu den Erfahrungen in ihrer Umwelt kamen die politischen Ereignisse, die sich überschlugen und die sie mit großer Aufmerksamkeit verfolgte: der gewaltsame Anschluß Österreichs an das Deutsche Reich im März 1938; der Einmarsch deutscher Truppen ins Sudetenland Anfang Oktober desselben Jahres; am 9. November 1938 die sogenannte ›Reichskristallnacht‹ mit ihrer organisierten Gewaltserie gegen Juden und jüdische Einrichtungen in ganz Deutschland, die in der Familie Scholl Bestürzung und Zorn auslöste; nach der Kristallnacht: das Ende des Spanischen Bürgerkriegs, den Vater Scholl am Schweizer Rundfunk als alarmierendes Vorzeichen eines schrecklichen Geschehens verfolgte; und schließlich der Beginn des Zweiten Weltkriegs am 1. September 1939 mit dem Überfall auf Polen.
Allen Freunden, die eingezogen wurden, nahm Sophie Scholl das Versprechen ab, daß sie niemals schießen würden. Aber sie wußte selber, wie unwirklich ein solches Versprechen war. Ihrem Freund Fritz Hartnagel schrieb sie in einem Brief die bitteren Zeilen: *Nun werdet ihr ja genug zu tun haben. Ich kann es nicht begreifen, daß nun dauernd Menschen in Lebensgefahr gebracht werden von anderen Menschen. Ich kann es nie begreifen und finde es entsetzlich. Sag nicht, es ist fürs Vaterland.*
Einige Tage später teilte sie ihrem Freund mit, wie sie die Aussichten auf Frieden beurteilte: *Der Hoffnung, daß der Krieg bald beendet sein könnte, geben wir uns nicht hin, obwohl man hier der kindlichen Meinung ist, Deutschland würde England durch Blockade zum Ende zwingen. Wir werden ja alles noch sehen...*
Die Briefe von Sophie Scholl an Fritz Hartnagel, der zunächst noch in Deutschland stationiert war, bekamen in den folgenden Wochen einen immer drängenderen Unterton. Was in den Jahren vor 1939 mit ihrer eigenen Familie, mit den Juden und überhaupt mit Andersdenkenden geschehen war, hatte sie zutiefst mißbilligt und verurteilt. Der Krieg selber machte alles noch viel schlimmer und alarmierte ihr Gefühl für Recht und Unrecht. Jetzt wollte sie nicht mehr schweigen und alles für sich behalten,

erst recht nicht gegenüber dem Menschen, den sie liebte und der in diesem Krieg Offizier war. In ihrem Brief vom 22. Juni 1940 machte sie Fritz Hartnagel klar, daß sie sich bei völlig gegensätzlichen Auffassungen über den Krieg ein Zusammenleben mit ihm nicht vorstellen könne. Sie schrieb:

Ich glaube es zu gerne, daß Du mir, wenn wir auf weltanschauliche, und davon schlecht zu trennen, politische Gespräche kommen, nur aus Opposition widersprichst. Ich kenne dies, man tut es sehr gerne. Aber ich habe nie aus Opposition gesprochen, wie Du vielleicht auch heimlich glaubst, im Gegenteil, ich nahm unbewußt immer noch etwas Rücksicht auf Deinen Beruf, in dem Du gebunden bist, der es vielleicht auch letzten Endes ausmacht, daß Du diese Dinge vorsichtiger wägst, vielleicht auch Zugeständnisse machst, hierhin und dorthin.
Ich kann es mir nicht vorstellen, daß man etwa zusammenleben kann, wenn man in solchen Fragen verschiedener Ansicht oder doch zumindest verschiedenen Wirkens ist.
Der Mensch soll ja nicht, weil alle Dinge zwiespältig sind, deshalb auch zwiespältig sein. Diese Meinung trifft man aber immer und überall. Weil wir hineingestellt sind in diese zwiespältige Welt, deshalb müssen wir ihr gehorchen. Und seltsamerweise findet man diese ganz und gar unchristliche Anschauung gerade bei den sogenannten Christen.
Wie könnte man da von einem Schicksal erwarten, daß es einer gerechten Sache den Sieg gebe, da sich kaum einer findet, der sich ungeteilt einer gerechten Sache opfert.
Ich muß hier an eine Geschichte des Alten Testamentes denken, wo Mose Tag und Nacht, zu jeder Stunde, seine Arme zum Gebet erhob, um von Gott den Sieg zu erbitten. Und sobald er einmal seine Arme senkte, wandte sich die Gunst von seinem kämpfenden Volke ab. Ob es wohl auch heute noch Menschen gibt, die nicht müde werden, ihr ganzes Denken und Wollen auf eines ungeteilt zu richten? Ich möchte mich damit jedoch nicht auf die Seite stellen, die einfältigen Sinnes ist in der wahren Bedeutung des Wortes. Ich kenne kaum eine Stunde, in der nicht einer meiner Gedanken abschweift. Und nur in einem winzigen Bruchteil

meiner Handlungen tue ich, was ich für richtig halte. Oft graut mir vor diesen Handlungen, die über mir zusammenwachsen wie dunkle Berge, so daß ich mir nichts anderes wünsche als Nicht-Sein, oder als nur eine Ackerkrume zu sein, oder ein Stückchen einer Baumrinde. Aber schon dieser oft überwältigende Wunsch ist wieder schlecht, denn er entspringt ja nur der Müdigkeit.
Die Müdigkeit, sie ist das größte, was ich besitze. Ihretwegen schweige ich, da ich reden sollte, da ich Dir bekennen sollte, was uns beide angeht. Ich verschiebe es auf später. Ach, ich wünschte, eine Zeitlang auf einer Insel zu leben, wo ich tun und sagen darf, was ich möchte und nicht immer Geduld haben muß, unabsehbar lange.«

Sophie Scholl schrieb weitere Briefe. Sie argumentierte gegen den Krieg und gegen die Auffassung ihres Freundes vom Soldatentum. Der Soldat müsse gehorchen und einen Eid ablegen, heute der einen Regierung, morgen einer anderen. Wie könne er treu, aufrecht, bescheiden und wahrhaftig sein, wenn er entgegengesetzte Befehle bekomme? *Soviel ich Dich kenne, bist Du ja auch nicht sehr für einen Krieg, und doch tust Du die ganze Zeit nichts anderes, als Menschen für den Krieg ausbilden.* In ihrem Brief vom 23. September 1940 benutzte Sophie Scholl einen Vergleich, um ihre Auffassung deutlich zu machen:

Die Stellung eines Soldaten dem Volk gegenüber ist für mich ungefähr die eines Sohnes, der seinem Vater und seiner Familie schwört, in jeder Situation zu ihm oder zu ihr zu halten. Kommt es vor, daß der Vater einer anderen Familie Unrecht tut und dadurch Unannehmlichkeiten bekommt, dann muß der Sohn trotz allem zum Vater halten. So viel Verständnis für Sippe bringe ich nicht auf. Ich finde, daß immer Gerechtigkeit höher steht als jede andere, oft sentimentale Anhänglichkeit.
Und es wäre doch schöner, die Menschen könnten sich bei einem Kampfe auf die Seite stellen, die sie für die gerechtfertigte halten. Ich hielt es immer für falsch, wenn ein Vater ganz auf seiten seines Kindes stand, etwa wenn der Lehrer das Kind gestraft hatte, selbst wenn er es

noch so liebte, oder gerade deshalb. Ebenso unrichtig finde ich es, wenn ein Deutscher oder Franzose sein Volk stur verteidigt, nur weil es sein Volk ist. Gefühle leiten oft irre. Wenn ich auf der Straße Soldaten sehe, womöglich noch mit Musik, dann bin ich auch gerührt, früher mußte ich mich bei Märschen gegen Tränen wehren. Aber das sind Sentimente für alte Weiber. Es ist lächerlich, wenn man sich von ihnen beherrschen läßt.
In der Schule wurde uns gesagt, die Einstellung eines Deutschen sei eine bewußt subjektive. Solange sie dabei nicht auch noch objektiv ist, kann ich dies nicht anerkennen. Aber diese subjektive Haltung hat vielen Leuten eingeleuchtet, und manche, die nach einer Form für ihre sich widerstreitenden Gefühle suchten, haben sich aufatmend zu ihr bekannt.

»Wir müssen den Krieg verlieren«
Die Konsequenz eines Offiziers, sich für oder gegen Hitler
zu entscheiden

Zu seiner Freundschaft mit Sophie Scholl hat sich der ehemalige Berufsoffizier und heutige Richter in Stuttgart, Fritz Hartnagel, bisher öffentlich nicht geäußert. Das sei seine Privatangelegenheit – mit diesem Hinweis wies er alle Fragen zurück. Auf Bitten seines ältesten Sohnes, der Geschichtslehrer geworden ist, erklärte er sich schließlich doch zu einem Gespräch bereit.
In seiner Stuttgarter Wohnung stelle ich mein Tonbandgerät auf. Fritz Hartnagel, Jahrgang 1917, ist mittelgroß. Die dunklen welligen Haare sind von grauen Strähnen durchzogen. Mit skeptisch-wachen Augen sieht er meinen Fragen entgegen. Das Gespräch beginnt stockend. Seine Frau Elisabeth, geborene Scholl, nimmt daran teil. Das Verhältnis zu Sophie Scholl sei eine ganz normale Freundschaft gewesen, sagt er. Vor dem Krieg hätten sie mit dem Wagen seines Vaters – »ein schönes Auto, Marke ›Wanderer‹« – gemeinsame Ausflüge auf die Schwäbische Alb unternommen. Diese Fahrten seien gelegentlich wegen Benzinmangels etwas unplanmäßig zuendegegangen. Elisabeth Hartnagel nickt. Sie hat an einigen dieser Autotouren teilgenommen. Fritz Hartnagel wendet sich dagegen, aus Sophie Scholl eine Heilige zu machen. Sie sei wie andere Mädchen gewesen. Dann spricht er von dem schweren Entschluß, den die Freundin ihm, dem Berufssoldaten, abverlangte:

» Was die Politik anging, so war von uns beiden Sophie die Tonangebende. Wir haben oft diskutiert und waren zunächst keineswegs in allen Fragen einer Meinung. Nur zögernd und widerwillig fand ich mich bereit, ihren Gedanken zu folgen. Es bedeutete einen gewaltigen Sprung für mich, mitten im Krieg zu sagen: ›Ich bin gegen diesen Krieg.‹ Oder: ›Deutschland muß diesen Krieg verlieren.‹ Aber nicht nur Sophie, auch ich hatte im Laufe der Jahre eine Menge gesehen, was mich nachdenklich stimmte: Nach 1933 die Schutzhaft für die Gegner des NS-Regimes, später die Judenverfolgung, die man im Haus Scholl unmittelbar miterlebte. Robert Scholl hatte als Steuerberater häufig Kontakt mit Juden, von denen einige ihr Geschäft aufgeben mußten oder die eines Tages ganz verschwanden.

Zur Familie Scholl kam oft die Witwe eines jüdischen Arztes zu Besuch. Ihr Mann hatte als Offizier im Ersten Weltkrieg hohe Auszeichnungen bekommen. Zum Geburtstag erhielt er regelmäßig handschriftliche Briefe des Ulmer Oberbürgermeisters. Die Familie gehörte also zur Prominenz der Stadt. Die Frau hat überhaupt nicht begriffen, daß sie unter den neuen Machthabern nichts mehr war, daß sie auf die Verdienste von gestern nicht mehr bauen konnte. Eines Tages gab sie bei den Scholls das Familienalbum mit den Bildern ihres verstorbenen Mannes ab. Mir überreichte sie eine Pistole mit der Bemerkung, ich als Offizier könne sie noch am ehesten aufbewahren. Einige Tage später wurde sie abgeführt und in ein Konzentrationslager gebracht.

Die Judenverfolgung, die in der Reichskristallnacht am 9. November 1938 zu einer Explosion von Gewalt mit organisierten Übergriffen auf Juden und jüdische Geschäfte und Synagogen eskalierte, hat mich besonders erschüttert. Während der Militärzeit habe ich zwar unmittelbar keine Mordkommandos erlebt, aber ich wurde während einer Zugfahrt in Rußland Zeuge einer Unterhaltung von Offizieren. Sie sprachen über Massenerschießungen und taten dies so, als sei es das Selbstverständlichste auf der Welt, Juden zu erschießen. Ich war zutiefst erschrocken, als ich plötzlich auf diese Weise Augenzeuge der Wirklichkeit wurde. Vorher hatte ich zwar gelegentlich im sogenannten Feindsender von Greueltaten und Massenerschießungen gehört, aber ich war skeptisch geblieben und wußte nicht, ob es sich um Propaganda oder um die Wirklichkeit handelte. Insofern wurde mir allmählich klar, daß das ein Verbrecherregime war, dem ich als Soldat diente. Aber der Schritt, als Offizier innerlich auf die andere Seite überzuwechseln, forderte seine Zeit. Der ließ sich nicht von heute auf morgen vollziehen.

Für Sophie, die kein kalt berechnender Mensch war, sondern sehr gefühlvoll sein konnte, war bezeichnend, mit welch scharfem Verstand und mit welch logischer Konsequenz sie die Dinge zu Ende dachte. Dafür ein Beispiel: Im Winter 1941/42 wurde die Bevölkerung in Deutschland in einer großangelegten Propaganda-Aktion aufgefordert, Wollsachen und warme Kleidungsstücke für die Wehrmacht zu spenden. Die deutschen Soldaten standen vor Leningrad und Moskau und befanden sich in einem Winterkrieg, auf den sie nicht vorbereitet waren. Mäntel, Decken und Skier sollten abgeliefert werden. Sophie vertrat jedoch den Standpunkt: ›Wir geben nichts.‹ Ich kam damals direkt von der Front aus Rußland. Ich sollte in Weimar eine neue Kompanie aufstellen. Als ich von Sophies harter Reaktion erfuhr, habe ich ihr vor Augen geführt, was eine solche Haltung für die Soldaten draußen bedeutete, die keine Handschuhe, keine Pullover und keine warmen Socken besaßen. Sie blieb jedoch bei ihrer unnachgiebigen Haltung und begründete sie mit den Worten: ›Ob jetzt deutsche Soldaten erfrieren oder russische, das bleibt sich gleich und ist gleichermaßen schlimm. Aber wir müssen den Krieg verlieren. Wenn wir jetzt Wollsachen spenden, tragen wir dazu bei, den Krieg zu verlängern.‹

Auf mich wirkte dieser Standpunkt schockierend. Wir diskutierten heftig. Mehr und mehr mußte ich jedoch einsehen, daß ihre Haltung nur konsequent war. Man konnte nur entweder für Hitler oder gegen ihn sein. War man gegen Hitler, dann durfte er diesen Krieg nicht gewinnen, denn nur eine militärische Niederlage konnte ihn beseitigen. Das hieß weiter: Alles, was dem sogenannten Feind nützte und uns Deutschen schadete, das allein konnte uns die Freiheit wiederbringen. «

Im Fröbel-Seminar
oder »Die ganze Verlogenheit aufdecken«

Ihre Reifeprüfung Anfang März 1940 bestand Sophie Scholl ohne große Mühe. Sie empfand diese Hürde zwar als lästig, maß ihr aber kein größeres Gewicht bei als vorausgegangenen Versetzungen von einer Klasse in die nächste. Noch kurz vor dem Abitur hatte sie für einige Tage die Schule geschwänzt, um mit Fritz Hartnagel, der kurzfristig Urlaub bekommen hatte, in die Berge zu fahren.

Nach der Reifeprüfung hätte Sophie Scholl am liebsten gleich mit ihrem Studium der Biologie und Philosophie begonnen. Voraussetzung dafür war jedoch eine halbjährige Tätigkeit beim Reichsarbeitsdienst (RAD), der nicht zuletzt das Ziel hatte, billige Arbeitskräfte zu gewinnen, da diese immer rarer wurden. Um dem RAD zu entgehen, meldete sich Sophie Scholl beim Fröbel-Seminar für Kindergärtnerinnen in Ulm an. Das Seminar sollte Anfang Mai 1940 beginnen. Die Wochen zwischen Abitur und Beginn der neuen Ausbildung nutzte sie, um mit ihrer Schwester Inge oder mit

ihrer Lieblingsfreundin Lisa Remppis Fahrradtouren in die Umgebung zu unternehmen. Von einer solchen Tour berichtete sie, sie hätten sich wie *Beamte des lieben Gottes* gefühlt, die ausgeschickt worden seien zu prüfen, ob die Erde noch gut sei, *und wir fanden sie sehr gut.*
Das Fröbel-Seminar selber bedeutete eine große Umstellung und Anstrengung. Sophie Scholl mochte Kinder sehr gern, aber der tägliche Umgang mit ihnen in der Gruppe war ihr fremd. Sie nahm die neue Aufgabe überaus ernst. Für sich selber verfaßte sie Beurteilungen einzelner Schützlinge und dachte darüber nach, weshalb Kleinkinder im Sprechen zurückgeblieben waren. Auch diese Beschreibungen zeigen, wie genau sie beobachten und

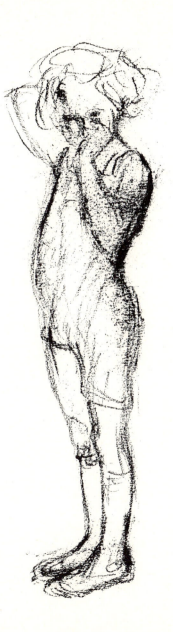

wie exakt sie formulieren konnte. Mit wenigen Worten zeichnete sie die Gesichter der Kleinen. Auch sich selber klammerte sie bei diesen Betrachtungen nicht aus. Sie sei noch nicht ausgeruht und nicht geduldig genug, um mit Kindern umzugehen, stellt sie an einer Stelle fest.
Im August 1940 mußte sie ein vierwöchiges Ferienpraktikum in einem Kinderheim in Bad Dürrheim im Schwarzwald absolvieren. Das Heim, das von einem 70jährigen ehemaligen Major und dessen 45jähriger Frau geleitet wurde, betreute Kinder und Jugendliche mit Magen- und Darmerkrankungen. Besonders mit den Älteren unter ihnen hatte die angehende Kindergärtnerin aus Ulm anfangs einige Mühe. Sophie Scholl empfand die meisten als hochmütige Spießer, als eingebildet, dumm und verzogen. Sie kamen aus den sogenannten besseren Verhältnissen, denn Arbeiterfamilien waren nicht in der Lage, ein teures Heim in einem Heilbad wie Dürrheim zu bezahlen. Auch die sonstigen Bedingungen strapazierten die Geduld der Praktikantin. Sophie Scholl mußte ihr ohnehin kleines Zimmer mit einem hysterischen Mädchen teilen, das nachts ohne Grund laut auflachte, wenn es nicht gerade schnarchte. Ihre Zimmergenossin habe *ein Gehirn wie eine Henne und 130 Pfund unsympathisches Fleisch,* berichtete sie ihrer Schwester Elisabeth. Außerdem wasche sie sich nur alle vier Wochen und halte sich auch noch für schön.
Der Strom der Briefe riß auch aus Bad Dürrheim nicht ab. Ihre Freunde an der Front bekamen Post, ihre Schwestern, ihre Freundin Lisa, ihre Brüder und die Eltern. Alle wurden sie bedacht und gleichzeitig ermahnt, doch mit der Antwort nicht so lange zu warten. *Hoffentlich schreibst Du mir recht bald.* Dieser Satz kommt immer wieder in den Briefen von Sophie Scholl vor. Im September 1940 kehrte sie nach Ulm zurück, nachdem sie in den Wochen zuvor wie ein Soldat im Wehrdienst die noch verbleibenden Tage in Bad Dürrheim gezählt hatte.
Die Politik der Nationalsozialisten machte vor dem Fröbel-Seminar in Ulm, wo Sophie Scholl ihre Ausbildung fortsetzte, nicht halt. Eine ihrer Mitschülerinnen, Susanne Hirzel, Tochter eines Pfarrers aus Ulm, hat in einem Brief vom 27. August 1979 an Inge Aicher-Scholl Erinnerungen an Sophie Scholl zusammengetragen:

»Sophie zeigte sich meistens zurückhaltend, war still und eher in sich gekehrt. Sie sprach leise und machte auf manche einen fast schüchternen Eindruck. Wer sie kannte, wußte aber, daß sie durchaus selbstbewußt war und sich auch mit Recht einigen anderen gegenüber überlegen fühlte, aber dies nie spüren ließ. Sie wahrte Distanz. Man merkte: Ihr Schwerpunkt lag woanders, nicht bei dieser Arbeit im Kindergarten. Eines Tages wurden wir Jungmädel-Führerinnen zusammengerufen und feierlich unseres Amtes enthoben (Man sang das Lied: ›Wo wir stehen, steht die Treue‹). Der Grund: Wir hatten unsere Gruppenfahnen mit eigenen Symbolen geschmückt. Um uns die Zukunft nicht zu verbauen – so die großmütige Begründung –, durften wir als BDM-Mädchen weiterhin einer NS-Organisation angehören. Sophie fand die ganze Gesellschaft ekelerregend blöde, dumm und verlogen und meinte: ›Eigentlich sollte man sich hinaufdienen, hinaufheucheln in ein höchstes Amt und dann die ganze Verlogenheit aufdecken.‹ Ich führe dies an, weil sich doch recht früh der Gedanke geregt hat: Was kann man dagegen machen?

Äußerlich gesehen, erlebten wir im Fröbel-Seminar ein ziemlich problemloses Jahr. Das Fahnengrüßen zum Beispiel blieb auf das Allernotwendigste beschränkt. Die Leiterin des Seminars, Fräulein Kretschmer, war keine überzeugte Nationalsozialistin. Sie verstand es, sich undurchsichtig zu stellen. So wagten wir es, bei einem ›Gemeinschaftsempfang‹ einer Hitler-Rede am Radio offen in einem Buch zu lesen. Fräulein Kretschmer bemerkte unser Desinteresse und winkte nur mit dem Finger ab. Sie hätte auch anders reagieren können.

Wir lebten sozusagen auf zwei Ebenen. Auf der einen Seite waren wir durchaus vergnügt und unbeschwert. So erinnere ich mich an unsere Abschiedsfeier im Fröbel-Seminar, wo wir Schillers ›Handschuh‹ pantomimisch aufführten, während eine Sprecherin die Verse las. Sophie war bei dieser übermütigen Sache ganz mit dabei. Wir verfertigten – mit ihrem Geist und ihrem zeichnerischen Können – in der Schollschen Wohnung am Ulmer Münsterplatz Verse und Zeichnungen über unsere Kameradinnen, die dann in Moritaten-Manier vorgetragen wurden. Andererseits waren wir sehr skeptisch und fühlten uns unsicher: Wohin sollte das führen mit diesem Krieg, mit dieser Partei und mit dem Verdummen der Menschen? »

Beim Reichsarbeitsdienst
oder »Wir leben wie Gefangene«

Anfang März 1941 bestand Sophie Scholl ihr Examen als Kindergärtnerin. Ihre Hoffnung, ein Jahr nach dem Abitur endlich das Studium aufnehmen zu können, erfüllte sich nicht. Die Behörden erkannten das Fröbel-Seminar nicht als Ersatz für den Reichsarbeitsdienst an. Schon vier Wochen nach der Prüfung in Ulm mußte sie die Uniform des RAD anziehen und in einem

Lager in Krauchenwies bei Sigmaringen an der oberen Donau ihren Dienst antreten. Das Lager war in einem etwas heruntergekommenen Schloß eingerichtet worden, das an einen großen Park grenzte. Für Sophie Scholl wurden die folgenden sechs Monate oft zur Qual. Anfangs machten ihr Heimweh und Kälte zu schaffen. Vor allem aber gingen ihr der Drill, die Schikanen ihrer Vorgesetzten und oft auch das dümmliche Geschwätz der anderen Mädchen auf die Nerven und strapazierten ihre Geduld und Anpassungsfähigkeit. *Wir leben sozusagen wie Gefangene, da nicht nur Arbeit, sondern auch Freizeit zum Dienst wird,* schrieb sie in einem ihrer Briefe. Das einzige Privatrecht sei das Duschen abends und das Verschicken und Empfangen von Briefen. Bitter beklagte sie sich über ihre Führerin, die die Mädchen nur als Arbeitsmaiden ansprach und auch so behandelte. *Manchmal möchte ich sie anschreien: Ich heiße Sophie Scholl, merken Sie sich das!*
Zu den anderen Mädchen hielt Sophie Scholl bewußt Distanz. Nur zu einigen wenigen gewann sie ein freundschaftliches Verhältnis. Der einzige, beliebteste und häufigste Gesprächsstoff seien die Männer, stellte sie fest, und manchmal kotze sie das an. Sie bemühte sich, diesen Mädchen auch nicht in Gedanken Unrecht zu tun, aber ihr Urteil – vielleicht mitbestimmt durch die ganze Umgebung – fiel hart aus: *Kein besonders guter Durchschnitt.* Ihr war klar, daß es ihr als Hochmut ausgelegt wurde, wenn sie abends im Bett mit der Taschenlampe oder tagsüber in der knappbemessenen Freizeit hochgestochene Literatur wie den an sich verbotenen ›Zauberberg‹ von Thomas Mann oder ›Die Gestalt als Gefüge‹ des Kirchenlehrers Augustinus las. Diese Lektüre war ein Teil der eigenen Gesetze, die sie sich für die harten Monate im RAD-Lager gestellt hatte, um nicht zu *versanden*. *Ich lebe so dahin,* notierte sie eines Nachmittags im Mai 1941 in einer Vesperpause, auf einem Baumstamm im Park sitzend, *nicht traurig und nicht besonders fröhlich, immer mich an meine selbstgestellten Gesetze haltend.* Anfang Juni 1941 durfte Sophie Scholl erstmals in den Außendienst. Das bedeutete für sie ein Stück Freiheit und zugleich schwere körperliche Arbeit. Unter dem Datum 3. Juni 1941 berichtete sie ihrer Schwester Inge:

Liebe Inge!
Heute war ich das erste Mal in meiner neuen Außendienststelle. Du glaubst gar nicht, welch' ein schöner Weg mir da jeden Tag bevorsteht (natürlich werde ich ihn manchmal verfluchen), jeden Tag eine Stunde mit dem Rad durch den Wald. Es geht oft bergauf, bergab. Das Gelände hier ist sanft gewellt, und deshalb spielt der Himmel hier eine so große Rolle. Heute spielte er sie besonders glänzend. Es war so richtig warm, auf dem Feld wurde das heiß empfunden, und der Himmel stand voller Wolken bis in die weitesten Fernen, alle standen sie in dem tiefblauen Himmel und mußten sich nach meiner Berechnung bald zu einem Gewitter zusammenballen. Sie ballten sich dann auch bedrohlich zusammen, ein wunderbarer Anblick hinter den Tannenwipfeln, zogen aber dann gnädig vorüber.
Als erste ländliche Arbeit jätete ich heute Unkraut zwischen winzigen Mohnpflänzchen. Wie ich da stundenlang immer gebückt meiner Furche entlang kroch, darauf bedacht, nichts Falsches herauszureißen, und deshalb immer tief herabgebückt, da überlegte ich mir wie jeder Faule, wie man das wohl gleich von Anfang an besser machen könnte, daß man nachher nicht die Arbeit haben müßte (denn bis der Mohn groß ist, muß er drei- oder viermal gejätet werden). Dann aber mußte ich über meine eigenen Bemühungen lachen, da es immer dieselbe Geschichte ist. Die Theorie eine wunderschöne Furche mit nur Mohnpflänzchen, die Praxis eine Furche mit einigen Mohnpflänzchen unter viel Unkraut. Damit sollte man sich leicht abfinden und beharrlich jäten...

Entscheidungen gegen sich treffen

Der Außendienst bei den Bauern brachte trotz der damit verbundenen schweren körperlichen Arbeit einige Verbesserungen, aber die Bedingungen im Lager änderten sich nicht. Sophie Scholl mußte mit zehn anderen Mädchen einen Schlafraum teilen. Das Essen war dürftig, weil sich die allgemeine Versorgungslage in Deutschland verschlechterte. Meistens gab es Pellkartoffeln. Beim Bauern bekam sie immerhin frische Milch und selbstgebackenes Brot. Die Folgen der Feldarbeit veranlaßten sie gelegentlich zu ironischen Selbstbetrachtungen. Die Blasen an ihren Händen verwandelten sich allmählich in Schwielen und ihre Handteller seien wenig mädchenhaft in die Breite gegangen, stellte sie fest. Auch an Körperumfang habe sie schon zugenommen, aber da Krieg sei, könne das ja nicht schaden. Im Sommer 1941 lernte sie im Außendienst einen französischen Kriegsgefangenen kennen, einen Fabrikarbeiter, mit dem sie einen ganzen Tag lang Holz sägen mußte. Dabei sprachen sie über Politik und Krieg und stellten fest, daß ihre Ansichten gar nicht weit auseinandergingen. Zu den Lichtblicken für Sophie Scholl gehörte in diesen Sommerwochen ein Wochenendbesuch ihrer Schwester Inge und ihres gemeinsamen Freundes Otl Aicher. Inge Aicher-Scholl erinnert sich:

» Sophie wußte, daß wir sie besuchen wollten. Sie hatte alles mit ihrer Führerin geregelt. Dreimal war ich an diesem Sonnabendnachmittag am RAD-Lager und bat die Führerin, meine Schwester abholen zu dürfen. Beim ersten Mal sagte sie: ›Kommen Sie in einer halben Stunde wieder.‹ Das habe ich gemacht, und dann sagte sie: ›Es geht noch nicht. Kommen Sie um 18 Uhr wieder.‹ Dann ging ich um 18 Uhr hin. Und die Führerin erklärte mir: ›Jetzt essen sie alle Abendbrot. Kommen Sie anschließend wieder.‹ Diese Schikane, die ich bei diesem kurzen Besuch erlebte, mußte Sophie ständig ertragen. Nachdem wir sie endlich losgeeist hatten, suchten wir ein nettes Lokal auf, aßen und tranken zusammen und gingen anschließend in dem verwilderten Park am Jagdschloß spazieren. Natürlich mußte Sophie über Nacht ins Lager zurück. Am nächsten Morgen durften wir sie wieder in Empfang nehmen. Wir frühstückten gemeinsam.

Plötzlich hörten wir im Radio, daß

die deutschen Truppen in die Sowjetunion einmarschiert waren. Das war ein ungeheurer Augenblick an diesem Sonntag, dem 22. Juni 1941. Wir konnten uns denken, was das bedeutete. Inzwischen hatten wir genug politische Phantasie – fast möchte ich sagen – angesammelt, um uns das vorzustellen.

Dieser Sonntag wurde trotz der schlimmen Nachricht im Radio ein wunderschöner Tag. Das obere Donautal ist eine der schönsten Gegenden in Süddeutschland. Wir unternahmen Spaziergänge in den Wäldern an der Donau. Abends mußte Sophie ins Lager zurück. Der Abschied war auch für uns, die wir sie nicht begleiten konnten, belastend und bedrückend, wie wenn man jemanden im Krankenhaus besucht. Man spürt, wie schwer es ist, einen geliebten Menschen zurückzulassen. «

Eine Zeile von Goethe, die der Vater häufig zitierte, kam Sophie Scholl während der Monate beim RAD oft in den Sinn: »Allen Gewalten zum Trutz sich erhalten!«, wobei der Vater manchmal nur laut »Allen!« sagte, und dann wußte die Familie Bescheid. In ihrem Fall hieß das: Härte gegen sich selbst, Entscheidungen gegen sich treffen. Immer wieder mußte sie sich diese Härte abverlangen. Die Bitterkeit darüber ist in ihren Zeilen zu spüren, wenn sie etwa im August 1941 feststellte, daß der Krieg ihren Bruder Werner nach Frankreich verschlagen habe, daß ihr Freund Fritz Hartnagel bei einem Panzerkorps in Rußland *ziemlich weit vorne* sei, die Postverbindung zu ihm schlecht funktioniere und sie selber in der Zwangsjacke des RAD zum Abwarten verurteilt sei. *Ich glaube,* schrieb sie, *jetzt beginnt der Krieg sich mächtig auszuwirken, in jeder Beziehung.* Das halbe Jahr Reichsarbeitsdienst sollte Ende August 1941 zu Ende gehen, und Sophie Scholl konnte es gar nicht abwarten, dieses Joch endlich abzuschütteln.

Die Frage nach Gott

Sophie Scholls Vorfreude auf ein halbwegs normales Leben bekam jedoch einen Dämpfer, als sie aus dem Radio erfuhr, daß für angehende Studenten neben dem RAD ab sofort noch sechs Monate Kriegshilfsdienst angeordnet worden waren. Die Nachricht traf sie wie ein Keulenschlag, und doch fing sie sich schnell wieder. Die Hauptsache war, daß sie das Lager Krauchenwies bald verlassen konnte. Schon Anfang Oktober 1941 war sie an ihrer neuen Arbeitsstelle in einem Kinderhort in der Kleinstadt Blumberg nahe der Schweizer Grenze als Kindergärtnerin tätig. Auch wenn die Arbeit anstrengend blieb, konnte sie sich jedenfalls freier bewegen. Außerdem: Nach langer Zeit durfte sie Fritz Hartnagel wiedersehen. Er war aus Rußland nach Weimar zurückberufen worden, um dort eine Spezialeinheit für den Krieg in Nordafrika aufzustellen. In Freiburg trafen sie sich häufig am Wochenende in jenem Winter 1941/42. Sie diskutierten viel. Sophie merkte, daß ihr Freund sich verändert, mehr innere Sicherheit bekommen hatte. Sie selber schnitt bei diesen Gesprächen häufig auch religiöse Themen an, die aus ihrer Sicht mit den politischen eng verknüpft waren. Inge Aicher-Scholl:

》 Sophies religiöse Entwicklung zu beschreiben ist schwierig, weil junge Menschen damals in einer anderen Problematik standen als heute. Religion bedeutete für Sophie ein intensives Suchen nach dem Sinn ihres Daseins, nach dem Sinn und Ziel der Geschichte.
Wie für jeden jungen Menschen kam für sie die Zeit der eigenen Aufklärung. Man stellt den Kinderglauben in Frage und geht mit dem Verstand an die Dinge heran. Man beginnt sein eigenes Leben aus sich selbst heraus zu entwerfen. Im Prozeß der Selbstverwirklichung in diesen Lebensjahren entdeckt man die Freiheit, aber auch die Unsicherheit über Wege und Möglichkeiten. Dies führt bei manchen dazu, das Suchen schließlich aufzugeben und die Religion hinter sich zu lassen, sich aufatmend den Verhaltensnormen der Gesellschaft zu überlassen. Bei Sophie setzte gerade hier erneut das Nachdenken und Suchen ein, auch deshalb, weil die Normen und die Gesellschaft, in der sie lebte, ihr so suspekt geworden waren. Was aber wollte dieses Leben von ihr? Sie

ahnte, daß Gott in einem außerordentlichen Maß mit ihrer Freiheit zu tun hatte, ja, sie herausforderte. Diese Freiheit bekam für Sophie zunehmende Bedeutung. In jener Zeit totaler Unfreiheit öffnete ihr das Fragen nach Gott die Augen für die Welt, die sie umgab. Insofern gab es für sie keine Innerlichkeit, die es erlaubte, sich ins Private zurückzuziehen und dort die Katastrophe des Dritten Reiches und seines Krieges zu überstehen. Auch die kleinsten Schritte im Alltag verlangten Entscheidungen für die Freiheit und ließen einen Rückzug nicht zu, so verlockend dies oft gewesen wäre.

Daß hinter allem Lebendigen eine kreative Kraft wirksam sein mußte, war für Sophie schon aus ihrer engen Beziehung zur Natur offensichtlich. Aber da war mehr. Gott war die Einsicht in einen selbst, der Spiegel, in dem man sich noch am genauesten sehen und verstehen konnte. Er war für uns damals das Wahre der Wahrheit, das Persönliche der Persönlichkeit und das Schöne der Schönheit. Er war der Inbegriff des Seins, der Sieg des Lebens über Tod und Zerstörung. Der Schritt von dieser verborgenen Kraft zu einem persönlichen Gott, zu dem man du sagen kann und der einen liebt, das war eine Zumutung, ein großes Abenteuer. Eine solche Entscheidung brauchte Zeit. In einem Brief an Lisa Remppis schreibt Sophie:

Ist es nicht auch Rätsels genug, und wenn man den Grund dafür weiß, beinahe furchterregend, daß alles so schön ist? Trotz des Schrecklichen, das geschieht. In meine bloße Freude an allem Schönen hat sich etwas großes Unbekanntes gedrängt, eine Ahnung nämlich von seinem Schöpfer, den die unschuldigen, erschaffenen Kreaturen mit ihrer Schönheit preisen. Deshalb kann nur der Mensch eigentlich häßlich sein, weil er den freien Willen hat, sich von diesem Lobgesang abzusondern. Und jetzt könnte man oftmals meinen, er brächte es fertig, diesen Gesang zu überbrüllen mit Kanonendonner und Fluchen und Lästern. Doch dies ist mir im letzten Frühling aufgegangen, er kann es nicht, und ich will versuchen, mich auf die Seite der Sieger zu schlagen.

Reisefertig und voll Erwartung –
Der Abschied von Ulm

Weihnachten 1941 war sozusagen Halbzeit im Kriegshilfsdienst von Sophie Scholl. Erstmals seit Monaten durfte sie ein wenig ausspannen, nachdem sie zuvor im Heim fast bis an den Rand der Erschöpfung gearbeitet hatte. Als Kindergärtnerin hatte sie nicht nur die Kleinen zu betreuen, sondern war auch Putzfrau. *Heute morgen 150 Stühle und 20 Tische abgewaschen,* vermerkt sie in einem Brief, und das war nur ein kleiner Teil des Tagespensums. Nach Weihnachten und Neujahr sah sie einem *ungemütlichen Vierteljahr* entgegen, weil das Kinderheim in Blumberg eine neue *150prozentige Führerin* vorgesetzt bekommen sollte. Doch auch diese Zeit verging, und am Ende fiel ihr der Abschied von den Kindern sogar schwer, denn besonders die Mädchen mochten sie sehr gern. Von sich selber wußte Sophie Scholl, daß sie in Blumberg eine erfahrene Kindergärtnerin geworden war.

Ende März 1942 kehrte sie nach Ulm zurück. Es bereitete ihr zunächst Mühe, sich nach dieser Phase des Allein- und Auf-Sich-Gestellt-Seins wieder in der Familie zurechtzufinden. Sie half im Haus und im Büro ihres Vaters mit und unternahm wie früher Ausflüge. Anfang Mai hieß es wieder, Abschied von den Eltern und Schwestern zu nehmen. Sophie Scholl wollte – zwei Jahre nach ihrer Reifeprüfung – endlich in München das Studium der Philosophie und Biologie aufnehmen. In ihrem Buch DIE WEISSE ROSE hat Inge Aicher-Scholl den Abschied der Schwester beschrieben:

» Es war am Vorabend von Sophies 21. Geburtstag.
›Ich kann's noch kaum glauben, daß ich morgen mit dem Studium anfangen darf‹, hatte sie beim Gutenachtgruß zu der Mutter gesagt, die in der Diele stand und Sophies Blusen bügelte. Auf dem Boden lag ein offener Koffer mit Kleidern und frischer Wäsche und mit all den tausend Kleinigkeiten, die Sophie für den neuen Studentenhaushalt haben mußte. Daneben eine Tasche mit einem knusprig-braunen, duftenden Kuchen. Sophie beugte sich hinunter und schnupperte daran. Dabei entdeckte sie eine Flasche Wein, die daneben steckte...
Ich sehe sie noch vor mir, meine Schwester, wie sie am nächsten Morgen dastand, reisefertig und voll Erwartung. Eine gelbe Margerite vom Geburtstagstisch steckte an ihrer Schläfe, und es sah schön aus,

wie ihr so die dunkelbraunen Haare glatt und glänzend auf die Schultern fielen. Aus ihren großen dunklen Augen sah sie sich die Welt an, prüfend und doch mit einer lebhaften Teilnahme. Ihr Gesicht war noch sehr kindlich und zart. «

Im Zug, im Hörsaal, im Hinterhof – Leben mit der Angst

»Weiß ich denn, ob ich morgen früh noch lebe?«

Neuanfang in München
oder »Heute abend wirst du meine Freunde kennenlernen«

Die 150 Kilometer lange Fahrt von Ulm nach München legte Sophie Scholl am 9. Mai 1942 mit der Eisenbahn zurück. Daß dieser 21. Geburtstag bereits ihr letzter sein würde, konnte sie nicht ahnen. Ihre Gedanken waren neugierig-gespannt auf München gerichtet, wo ein neuer Lebensabschnitt beginnen sollte. Kaum war der Zug in den Hauptbahnhof eingelaufen, erblickte sie schon ihren Bruder Hans. Ihre Erwartung schlug um in spontane Freude. In dieser Stadt brauchte sie sich nicht verlassen vorzukommen, darüber war sie sich von der ersten Minute an sicher. Seit langem hatte sie sich gewünscht, in der Nähe ihres »großen Bruders« zu sein, mit dem sie fast alle Interessen teilte. Jetzt gingen sie schnellen Schrittes nebeneinander her zu seiner Studentenbude. »Heute abend wirst du meine Freunde kennenlernen«, sagte Hans zu ihr.
Im Zimmer des Bruders wurde der Geburtstag von Sophie Scholl gefeiert. Die Runde genoß den aus Ulm mitgebrachten Wein und den Kuchen. Dieser Abend verlief so, als hätte die Schwester von Hans Scholl schon lange dazugehört. In den folgenden Tagen und Wochen lernte sie den Freundeskreis um ihren Bruder näher kennen. Er bestand überwiegend aus Studenten, die wie er Medizin studierten und gleichzeitig einer Studentenkompanie angehörten. Diese veranstaltete regelmäßig Wehrübungen und konnte somit jederzeit zu einem Fronteinsatz abkommandiert werden. Die engsten Freunde von Hans Scholl waren Alexander Schmorell, genannt Schurik oder Alex, Christoph (Christl) Probst und Willi Graf. Schmorell war der Sohn einer Russin und eines angesehenen Münchner Arztes, der mehr seinem Vater zuliebe als aus Neigung das Fach Medizin gewählt hatte. Mit ihm zusammen hielt sich Sophie Scholl später ein Modell zum Zeichnen und Modellieren. Christl Probst stammte aus einer bayerischen Gelehrtenfamilie. An ihm bewunderte Sophie seine Intellektualität und umfassende Bildung. *Er hat einen guten Einfluß auf Hans,* schrieb sie einmal. In seinen theologischen und philosophischen Gedanken mag er ihr besonders nahe gestanden haben, ähnlich wie Willi Graf. Dieser war in Saarbrücken geboren und gehörte der längst verbotenen katholischen Jugendorganisation Neu-Deutschland/ND als aktives Mitglied an. Graf hatte 1937 dieselbe Verhaftungswelle der Gestapo getroffen wie Hans und Werner Scholl.

In ihrer Umgebung fühlte sich Sophie Scholl vom ersten Tag an wohl. Die unkomplizierte Art im Umgang – Freundschaft bedeutete in diesem Kreis nicht Besitzanspruch auf den anderen –, das Interesse an Kunst, Literatur und Musik und die Begeisterung für die Natur – das alles entsprach ihrer eigenen Vorstellung vom Leben.
Außerdem bekam sie gleich am Anfang engen Kontakt zu einem Mann, der auf ihren Bruder und dessen Freunde einen erheblichen Einfluß ausübte: Professor Carl Muth. Der 75jährige war Herausgeber der von den Nazis verbotenen Zeitschrift ›Hochland‹ gewesen, die bei fortschrittlichen Katholiken in Deutschland hohes Ansehen genoß. Das literarisch-philosophische Blatt hatte es fertiggebracht, daß Hitlers Name vom April 1933 bis Juni 1941 nicht ein einziges Mal genannt wurde. Hans Scholl ordnete Professor Muths umfangreiche Bibliothek, und als freundschaftliche Gegenleistung überließ dieser Sophie, die noch keine eigene Unterkunft besaß, ein Zimmer in seinem Haus in Solln bei München. Für diese Gastfreundschaft konnte sich Sophie Scholl noch oft revanchieren. Bei den Ausflügen, die sie mit ihrem Bruder und den Münchner Freunden unternahm, dachte sie mit daran, immer knapper werdende Lebensmittel für den gesundheitlich angeschlagenen Professor zu organisieren. Wenn sie gar nichts auftreiben konnte, schrieb sie nach Hause. In dem Brief vom 6. Juni 1942 an die Eltern und die beiden Schwestern Inge und Elisabeth heißt es über Professor Muth:

Es geht ihm nicht besonders gut. Die Ereignisse nehmen ihn sehr mit, und die Kriegsernährung hebt sein Allgemeinbefinden nicht. Könnt Ihr ihm nicht ein paar Pfund Weißmehl besorgen? Daran fehlt es ihm besonders. Schwarzes Brot kann er nicht essen. Und sobald es wieder geht, Forellen. Von solchen Dingen, so gering man sie achten möchte, hängt zum großen Teil sein Ergehen ab.

Die Bitten wurden meistens prompt erfüllt. In Ulm war die Versorgungslage besser als in der Großstadt München.
Im selben Brief heißt es weiter:

Vorgestern abend las Sigismund von Radecki, von Hans aufgefordert, vor einem Kreis von etwa 20 Personen einige Essays, Gedichte und Übersetzungen. Er liest ganz blendend vor, mit ungeheuren Bewegungen, er spielt alles, was er liest. Was haben wir gelacht! Früher war er Schauspieler und bestimmt kein schlechter. Nachher waren wir noch zu fünft mit ihm auf meinem Zimmer. Leider fährt er für drei Monate weg, nachher aber ist er bereit, allerhand mitzumachen.

Lesungen wie die von ihr beschriebene, Theateraufführungen und Konzerte bereiteten Sophie Scholl großes Vergnügen, davon konnte sie nicht genug haben. Schwierigkeiten hatte sie anfangs jedoch mit den Diskussionen, die oft bis in die Nacht hinein dauerten und mit vielen Fremdwörtern und Spezialausdrücken durchsetzt waren. Da stürmte so viel auf sie ein, daß sie sich überfordert fühlte. Bei solchen Gesprächen hörte sie meistens nur zu und steuerte selten eigene Beiträge bei.
Die Studentinnen, die ebenfalls zum Freundeskreis gehörten, halfen ihr, sich bald zurechtzufinden, auch im Universitätsbetrieb, vor allem Traute Lafrenz, Medizinstudentin aus Hamburg, und die Philosophiestudentin Katharina Schüddekopf. Mit ihnen traf sich Sophie Scholl nicht nur bei ihrem Bruder, sondern auch in der Stadt, im ›Bodega‹ oder im Restaurant ›Lombardi‹, wo es noch für wenig Lebensmittelmarken Essen und Wein gab.

Die Weiße Rose
oder »Man muß etwas tun«

München, die »Stadt der Bewegung«, in der Adolf Hitler schon 1923 versucht hatte, sich an die Macht zu putschen, war die heimliche Hauptstadt des nationalsozialistischen Deutschland. Ihre Universität zählte zu den traditionsreichsten – und reaktionärsten. Hier hatte der bayerische Kultusminister Hans Schemm nach der Bücherverbrennung in Berlin im März 1933 noch eine weitere Bücherverbrennung organisiert und mit Hilfe von Hochschullehrern und des Nationalsozialistischen Studentenbundes die Schriften der im damaligen Deutschland verfemten Dichter »den Flammen übergeben«. Darunter waren viele Autoren, die Sophie und Hans Scholl und ihre Münchner Freunde verehrten: Thomas und Heinrich Mann, Erich Kästner, Stefan Zweig, Franz Werfel, Bertolt Brecht und Erich Maria Remarque. Die Münchner Maximilian-Universität sollte eine geistige Hochburg des Nationalsozialismus werden. Das sah ihr Kanzler, Professor Dr. Walther Wüst, führendes SS-Mitglied, als seine Aufgabe an.

Daß gerade an dieser Universität Studenten seit Sommer 1941 darüber diskutierten, welche Möglichkeiten es gab, Widerstand gegen den Diktator in Berlin und seine vielen Handlanger und Stellvertreter in Deutschland zu leisten, kommt nicht von ungefähr: Immer dort, wo die Reaktion am mächtigsten ist, bleibt die Opposition nicht aus. Die Gruppe um Hans Scholl war im Frühjahr 1942 zu der Überzeugung gekommen, daß sie genug geredet hatte und daß endlich etwas getan werden müsse. Der Münchner Architekt Manfred Eickemeyer, der sich beruflich öfter in Polen und in der Sowjetunion aufhielt, hatte den Studenten von Massendeportationen und -erschießungen in den besetzten Gebieten berichtet. Hans Scholl hatte in Lazaretten im besiegten Frankreich gearbeitet und dort das Leid gesehen, das durch die Nazis über die Menschen kam. Daß Juden und geistig Behinderte brutal beseitigt wurden, sprach sich ebenfalls für alle, die es hören wollten, allmählich herum. Worauf also noch warten, fragten sich die Studenten. Es ging nur noch um das Wie des Widerstandes. Sie entschlossen sich, in Flugblättern zum Widerstand gegen Hitler aufzurufen.

Dazu Inge Aicher-Scholl:

» Ich finde es bezeichnend, daß die Münchner Studenten sich für Flugblatt-Aktionen entschlossen haben, für diese hauchdünne Chance, durch telegrammartige Aufklärungsversuche einen passiven Widerstand zu mobilisieren. Sie hätten ja auch willkürlich Bomben werfen können, aber das hätte Menschenleben gekostet. Gewiß, den Tyrannenmord hätten meine Geschwister akzeptiert, nicht nur Sophie, auch Hans, der sich ja bekanntlich tagelang in eine Klosterbibliothek in München verschanzt hat, um dieses Thema zu studieren.

Sie haben mit ihrer Aufforderung an die Bevölkerung, Widerstand zu leisten, nicht den Appell zur gewaltsamen Befreiung gemeint, auch wenn einzelne Wörter besonders in den letzten Flugblättern diesen Schluß nahelegen können. Vielmehr sollte nach ihrer Vorstellung jeder Einzelne und jede Gruppe das in ihrer Kraft Stehende tun, damit dem Regime allmählich der Boden entzogen, die Basis porös und die Stimmung gegen den Diktator umschlagen würde. Um Beispiele zu nennen: Die Studenten sammelten trockenes Weißbrot, das über Mittelsleute in die Konzentrationslager geschafft wurde. Oder sie kümmerten sich um die Unterstützung der Angehörigen von KZ-Insassen. Oder die Weigerung, für die NS-Winterhilfe zugunsten der deutschen Soldaten in Rußland Kleider zu sammeln und damit Hitlers Krieg hinauszuziehen; oder Kriegsgefangenen und Fremdarbeitern Menschlichkeit entgegenzubringen. Das sind Beispiele für einen Widerstand, der im Kleinen wirkt, der praktisch und handfest ist und anstecken sein kann.

Das Christentum spielte in diesem Zusammenhang als Motor zum Handeln eine wichtige Rolle. So wie in Frankreich der Existenzialismus die Philosophie des Widerstandes war, so gab es auch bei uns einen christlichen Existenzialismus, der stark beeinflußt war von Sören Kierkegaard und Theodor Haecker. Die kirchliche Hierarchie war in jenen Jahren durch ihr anfängliches Bündnis mit dem Nationalsozialismus kompromittiert und schwieg. Ungezählte Christen aber waren in den Untergrund gegangen, teilweise in den Widerstand. Carl Muth und Theodor Haecker vermittelten den Zugang zu einer befreienden Christlichkeit. Was das rationale Element dieses Existenzialismus angeht, so

war man der Meinung: ›Glauben darf man erst, wo der Verstand nicht mehr weiterkommt. Erst an der Grenze des Verstandes schließt der Glaube an.‹ Gerade für Sophie wäre es schwierig, wenn nicht unmöglich gewesen, den Verstand auch nur einen Moment im Stich zu lassen.

Die christliche Grundhaltung der Mitglieder der Weissen Rose hat wesentlich dazu beigetragen, mit dem Reden über Widerstand Schluß zu machen und etwas Praktisches zu tun. Plötzlich war ihnen allen klar: Man darf nicht nur dagegen sein, sondern man muß etwas tun und an der ungeheuren Zementmauer der Unmöglichkeit versuchen, kleine Möglichkeiten herauszuschlagen oder hineinzusprengen. Das Suchen nach Möglichkeiten, auch in kleinsten Dingen, war für meine Schwester Sophie außerordentlich wichtig. Die Stelle aus dem Jakobus-Brief ›Seid Täter des Wortes – nicht Hörer allein!‹ war eine entscheidende Maxime.

So hat letztlich das Christentum die Macht gehabt, sie zu diesen letzten Schritten zu zwingen, Schritte, die die Mitglieder der Weissen Rose in dem vollen Bewußtsein taten, daß sie damit auch ihr Leben riskierten. Das war überhaupt keine Frage. Sophie bekam in dieser Hinsicht in München viele Anregungen. Gelebtes Christentum, wie sie es bei den Freunden gesehen hat, überzeugte sie mehr als noch so raffinierte theologische Spekulationen. Eines Tages kam sie nach Hause und berichtete fröhlich von dem Plan eines Professors in München, einen Erasmus-Kreis zu gründen und die Gedanken des großen Humanisten Erasmus von Rotterdam zu studieren. Da hat sie gelacht und erwidert: ›Als ob wir im Augenblick nicht Wichtigeres zu tun haben, als einen Erasmus-Kreis zu gründen!‹ «

Die Flugblätter
oder »Die Weiße Rose läßt Euch keine Ruhe!«

Die ersten praktischen Vorbereitungen zur Herstellung der Flugblätter leitete Alexander Schmorell in die Wege. Er besaß das meiste Taschengeld und besorgte eine Schreibmaschine, ein Vervielfältigungsgerät, Matritzen und Papier. Architekt Eickemeyer stellte sein Atelier an der Leopoldstraße zur Verfügung. Es lag in einem Hinterhof und eignete sich deshalb vorzüglich. Dort entstanden in den Monaten Mai, Juni und Juli des Jahres 1942 die ersten vier Flugblätter, und zwar zunächst in einer Auflage von jeweils einigen hundert Exemplaren, die jedoch im Laufe der Zeit gesteigert wurde. Sie trugen die Überschrift: »Die Flugblätter der Weißen Rose.« Die Herkunft des Namens DIE WEISSE ROSE ist nicht geklärt. Inge Aicher-Scholl bemerkte dazu in einem Vortrag, den sie 1964 in Amsterdam hielt:

»Der genaue Sinn dieses Namens ist nicht mehr ausfindig zu machen. Vielleicht war damit gemeint – aber das sind Vermutungen –, daß sie unbeschriebene und anonyme Blätter waren, unbeschrieben in dem Sinn, daß sie nicht durch Parteien und Konfessionen geprägt waren. Anonym, um den Empfängern die Furcht zu nehmen, in eine gefahrvolle Organisation verstrickt zu sein. Unbeschrieben schließlich in einem dritten Sinne, wie er sich in einem der letzten Briefe meines Bruders Hans äußert: ›Ich habe eben zuweilen die Freude am Schreiben verloren, die in früherer Zeit so beglückend über mich kam, wenn ich ein weißes Blatt mit Worten bedeckte. Heute gefällt mir eben ein weißes Blatt besser, nicht aus ästhetischen Gründen, sondern weil noch keine Lüge darauf steht, keine fadenscheinige Behauptung, weil ein weißes Blatt noch eine potentielle Kraft enthält, weil ich mich beherrschen und immer noch warten kann auf den Tag, da mir das Schreiben eine Lust sein wird.‹«

Noch andere Deutungen sind denkbar. So heißt es zum Beispiel in dem 1938 erschienenen Buch ›Deutsche Redensarten – und was dahinter steckt‹ von Krüger-Lorenzen, daß die Rose »seit alters das Sinnbild der Verschwiegenheit, der Geheimhaltung« gewesen sei. »Hing beim Gastmahl der reichen

Römer eine Rose von der Decke, bedeutete es, daß die Unterhaltung vertraulich zu behandeln sei.«

Möglicherweise hat Hans Scholl auch den Roman von B. Traven mit dem Titel ›Die Weiße Rose‹ gekannt, in dem mexikanische Farmer sich gegen die räuberischen Praktiken der Ingenieure und Manager eines Ölkonzerns zur Wehr setzen. Aber das kann ebenfalls nur eine Vermutung sein. Denn: Was für die Entstehungsgeschichte des Namens DIE WEISSE ROSE gilt, das gilt auch für einige Aktivitäten der Widerstandsgruppe selbst. Manche konkreten Details sind unbekannt, weil alles in äußerster Verschwiegenheit getan werden mußte, und können daher nur mit aller Vorsicht und oft ungenügend rekonstruiert werden. Das gilt besonders für einige der folgenden Abschnitte.

Das erste Flugblatt der WEISSEN ROSE war in enger Zusammenarbeit zwischen Hans Scholl, Alexander Schmorell und Christoph Probst entstanden. Es begann mit den Sätzen:

Nichts ist eines Kulturvolkes unwürdiger, als sich ohne Widerstand von einer verantwortungslosen und dunklen Trieben ergebenen Herrscherclique regieren zu lassen. Ist es nicht so, daß sich jeder ehrliche Deutsche heute seiner Regierung schämt, und wer von uns ahnt das Ausmaß der Schmach, die über uns und unsere Kinder kommen wird, wenn einst der Schleier von unseren Augen gefallen ist und die grauenvollsten und jegliches Maß unendlich überschreitenden Verbrechen ans Tageslicht treten? Wenn das deutsche Volk schon so in seinem tiefsten Wesen korrumpiert und zerfallen ist, daß es, ohne eine Hand zu regen, im leichtsinnigen Vertrauen auf eine fragwürdige Gesetzmäßigkeit der Geschichte das Höchste, das ein Mensch besitzt und das ihn über jede andere Kreatur erhöht, nämlich den freien Willen, preisgibt, die Freiheit des Menschen preisgibt, selbst mit einzugreifen in das Rad der Geschichte und es seiner vernünftigen Entscheidung unterzuordnen – wenn die Deutschen so jeder Individualität bar, schon so sehr zur geistlosen und feigen Masse geworden sind, dann, ja dann verdienen sie den Untergang.

In den folgenden Absätzen werden Goethe und Schiller zitiert, wird der ganze Bildungshorizont des Bürgertums angesprochen. Die Aufforderung zum passiven Widerstand taucht mitten im Text auf, und am Schluß steht die Bitte, *dieses Blatt mit möglichst vielen Durchschlägen abzuschreiben und weiterzuverteilen.*
Dieses Flugblatt war, als es in München und Umgebung auftauchte, eine Sensation, denn in Deutschland wagte schon lange niemand mehr, solche Dinge öffentlich auszusprechen. Es herrschte Friedhofsruhe im Land, wenn man von den Bombenangriffen auf die Städte absah. Mitten in das dumpfe Schweigen platzte ein solches Flugblatt hinein. Einige der Empfänger, die es im Briefkasten vorfanden, brachten es gleich zur Polizei, wie es ihre »gesetzliche Pflicht« war, andere ließen es schnell irgendwo verschwinden und überzeugten sich davon, daß niemand zugeschaut hatte. Aber es gab auch Menschen, die den Mut aufbrachten, der Aufforderung am Ende des Flugblattes zu folgen. Sie tippten die Blätter heimlich ab und gaben sie weiter. Einer sagte später: »Das glaubt heute niemand, wie glücklich wir waren, endlich einmal etwas gegen das Regime zu tun.«
Der Inhalt der drei folgenden Flugblätter war noch konkreter. Die Verfasser führten die *Tatsache* an, *daß seit der Eroberung Polens dreihunderttausend Juden in diesem Land auf bestialische Weise ermordet worden sind,* sie verwiesen darauf, daß die gesamte polnische adelige Jugend vernichtet worden sei, daß polnische Mädchen in die Bordelle der SS nach Norwegen verschleppt worden seien. Niemand, der diesen Verbrechen weiter tatenlos zusehe, könne sich von ihnen freisprechen.

Ein jeder ist schuldig.

Und an einer anderen Stelle hieß es:

Die Weiße Rose läßt Euch keine Ruhe!

Alles war ungewiß

»Sie hatten eine kleine Insel des Widerstandes in einem Meer der Anpassung geschaffen«, schreibt der amerikanische Autor Richard Hanser in seinem 1979 in New York erschienenen Buch ›A Noble Treason‹ (Ein edler Verrat) über die WEISSE ROSE. Auf dieser Insel lebten zunächst nur Hans Scholl, Alexander Schmorell, Willi Graf und Christoph Probst. Denn Widerstand bedeutet automatisch Isolation, Ausschluß und Abgrenzung Freunden gegenüber, Leben mit der Angst. Mitwisserschaft aber heißt Gefahr für beide Seiten. So ist es verständlich, daß die anderen befreundeten Studenten und Studentinnen von der Herkunft und Urheberschaft der Flugblätter zunächst nichts erfuhren.

Wann und wie Sophie Scholl in die Flugblattaktionen eingeweiht worden ist, läßt sich nicht eindeutig sagen. Ob der Bruder die Schwester zunächst aus der Sache heraushalten wollte, um sie nicht zu gefährden? Nichts wäre verständlicher. Fritz Hartnagel erinnert sich dagegen, daß Sophie Scholl ihn schon im Mai 1942 gebeten habe, einen Vervielfältigungsapparat zu besorgen. Einen Grund für ihren Wunsch nannte sie nicht. Das Gerät konnte auch von Fritz Hartnagel nicht besorgt werden. Anzunehmen ist jedoch, daß Sophie Scholl schon bald nach ihrer Ankunft in München an allen Überlegungen und Besprechungen der Gruppe darüber teilnahm, wie die Untergrundtätigkeit zu verstärken sei.

Wie es Traute Lafrenz erging und wie sie von der WEISSEN ROSE erfuhr, hat sie im Jahre 1947 auf die Bitte von Inge Scholl niedergeschrieben:

》Anfang Juni 1942 bekamen meine Hausleute die erste Folge der WEISSEN ROSE mit der Post zugesandt. Aus Text, Art des Satzbaus, bekannten Stellen aus Goethe, Laotse erkannte ich sofort, daß das Blatt von ›uns‹ verfaßt sein mußte, war aber noch im Zweifel, ob Hans selber es getan.

In der nächsten Folge erkannte ich an einem Zitat aus dem ›Prediger‹, das ich Hans einmal gegeben, daß er selber der Verfasser sein mußte. Ich fragte daraufhin Hans, er antwortete, es sei falsch, immer nach dem Urheber zu fragen, das gefährde diesen nur, die Zahl der direkt Beteiligten müsse eine ganz kleine bleiben, und es sei besser für mich, wenn ich möglichst wenig wisse. Dabei blieb es. Mir war damit mein Platz zugewiesen, ich nahm ihn an. Sorgte, daß die Blätter weiter verbreitet wurden. »

Doch bevor weitere Aktionen geplant werden konnten, war alles schon wieder vorbei. Die Studentenkompanie, der Hans Scholl und seine Freunde angehörten, wurde bis auf Christl Probst plötzlich nach Rußland abkommandiert. Am 22. Juli 1942 war der Abreisetermin. Am Abend vorher trafen sie sich noch einmal im Atelier Eickemeyer, um über die Möglichkeiten des Widerstandes nach der Rückkehr aus Rußland zu reden. Jeder spürte die Fragwürdigkeit solcher Überlegungen. Wer würde überhaupt zurückkehren? Sophie Scholl saß am Rande der Gruppe und sagte wenig. Kaum drei Monate lebte sie jetzt in München, und schon war die Zeit mit ihrem Bruder Hans wieder zu Ende. Am nächsten Morgen versammelten sich alle am Bahnhof. Einer schoß Erinnerungsfotos. Einige Tage später schrieb Sophie Scholl ihrer Freundin Lisa Remppis:

Hans ist letzte Woche nach Rußland gekommen mit allen den anderen, die mir im Laufe der vergangenen Wochen und Monate zu Freunden geworden sind. Jedes kleine Wort und jede kleine Gebärde des Abschieds ist noch so lebendig in mir.

»Die Gedanken sind frei...«

Nach Abschluß des Sommersemesters hielt Sophie Scholl in München nichts mehr. Sie mußte ohnehin dringend nach Ulm zurückkehren, und dies aus mehr als einem Grund. Am 3. August 1942 sollte ein Prozeß gegen ihren Vater beginnen. Das Verfahren war seit längerem erwartet worden. Robert Scholl hatte unvorsichtigerweise in seinem Büro in Anwesenheit einer Angestellten seine Ansicht über die politische Situation gesagt und Hitler »eine große Gottesgeißel« genannt. Seine Mitarbeiterin hatte die Gestapo verständigt, so daß eines Morgens zu früher Stunde – wie schon einmal im November 1937 – zwei Männer an der Wohnungstür klingelten und sich als Beamte der Geheimen Staatspolizei zu erkennen gaben. Sie verlangten Robert Scholl, stellten ihm einige Fragen, durchsuchten die Wohnung und führten ihn und Inge Scholl – diese zum zweitenmal – schließlich ab.

Einen kleinen Aktenkoffer mit beschlagnahmten Unterlagen nahmen sie mit. Der Koffer enthielt unter anderem einen kritischen Artikel über Napoleon, der so formuliert war, daß ein eingeweihter Leser die Parallelen zu Hitler merken konnte. Im Dienstzimmer konnte Inge Scholl den Aufsatz beiseiteschaffen, als die Sekretärin des gerade abwesenden Vernehmungsbeamten für einige Sekunden demonstrativ zur Seite blickte. Beim Verhör fragte der Beamte Inge Scholl nach der Adresse von Rainer Maria Rilke. Da konnte sie aufatmen und glaubhaft versichern, daß Rilke schon lange nicht mehr lebe. Nach der Vernehmung durfte sie wieder gehen.

Ihr Vater kehrte einige Tage später nach Hause zurück. Die Gestapo hatte ausdrücklich darauf verwiesen, sein »Fall« sei noch nicht erledigt. Der »Fall« wurde dann Anfang August 1942 vor dem Sondergericht in Ulm verhandelt. Robert Scholl wurde wegen »Heimtücke« zu einer viermonatigen Gefängnisstrafe verurteilt, die er kurze Zeit darauf antreten mußte. Alle vierzehn Tage durften seine Angehörigen ihm schreiben, alle vier Wochen durfte er selber einen Brief nach Hause schicken – im Spitzel- und Überwachungsstaat der Nazis war alles aufs genaueste geregelt, nichts blieb dem Zufall überlassen.

Am 7. September 1942 schickte Sophie Scholl ihrem Vater folgende Zeilen ins Gefängnis:

Mein lieber Vater! Über Deinen Brief waren wir alle sehr froh, obwohl ich nie Sorge hatte, daß Dein guter Mut durch Deine sogenannte Strafe gebrochen werden könnte. Denn daß diese Zeit für Dich notwendig ist und in einem uns noch unbekannten Sinne sogar das Beste für Dich, davon bin ich überzeugt, wenngleich ich deshalb nicht das kleinste Wort derer vergesse, die es soweit gebracht haben. Nicht aus einem Gefühl der Rache, sondern von einem ganz anderen Gesichtspunkt aus, den Du wohl kennst. – Nun, da Du nicht mehr da bist, der uns auf dem Laufenden hält, höre ich gewissenhaft die Nachrichten und stehe oft vor der Karte Europas. Die Frankfurter Zeitung hast Du erhalten und das Wichtigste erfahren...
Aus dem Felde kommen immer nur gute Nachrichten. Von vielen Freunden, denen ich von Dir schrieb, soll ich Dich grüßen, sie bauen alle an der Mauer von Gedanken, die um Dich sind, Du spürst doch, daß Du nicht allein bist, denn unsere Gedanken, die reißen die Schranken und Mauern entzwei: die Gedanken –! Deine Sophie.

Sophie Scholl, die »Klügste unter seinen Damen«, wie Robert Scholl einmal scherzhaft meinte, besaß ein mutiges Herz und einen klaren Verstand. »Die Gedanken sind frei« – auch dies hatte sie mehr als einmal von ihrem Vater gehört. Der Mut zum Durchhalten verlangte vor allem von Sophie Scholl viel, fast zuviel: der Vater im Gefängnis, die Mutter mit ihrem kranken Herzen, zwei Brüder in Rußland. Ihr mutiges Dennoch erforderte ihre ganze Kraft. Trotzdem brachte sie die Energie auf, an manchen Sommerabenden sich in die Nähe des Gefängnisses zu stellen, um dem Vater auf ihrer Flöte das Lied zu blasen, das ein Symbol geworden war: »Die Gedanken sind frei...«

Im blauen Drillich am Fließband

Außer dem Prozeß gegen ihren Vater hatte es für Sophie Scholl noch einen weiteren »zwingenden« Grund gegeben, nach Ulm zurückzukehren. Trotz ihrer Zeit beim Reichsarbeitsdienst und trotz des Kriegshilfsdienstes verlangte der NS-Staat weiteren Tribut von ihr. Sie wurde für einen »Rüstungseinsatz abgestellt«. Das bedeutete, daß sie zwei Monate in einem Rüstungsbetrieb arbeiten mußte, damit der Nachschub für die Front gesichert blieb. Nicht die damit verbundene körperliche Arbeit erschreckte die Studentin, vielmehr die Tatsache, daß sie selber direkt dazu beitragen sollte, das sinnlose Morden und Sterben zu verlängern. Dennoch versuchte sie erst gar nicht, sich davon zu befreien. Sie wußte, wie zwecklos dies gewesen wäre. Sie beantragte lediglich den »Einsatz« auf den Monat September verschieben zu dürfen, damit sie zunächst noch ihre kranke Mutter entlasten konnte. Aber selbst das wurde abgelehnt. Ab Anfang August 1942 war sie für acht Wochen Fabrikarbeiterin, eine einschneidende Erfahrung für die 21jährige. Sie berichtete in ihren Briefen über ihre Arbeit in einem Betrieb, der nicht nur Studenten beschäftigte, sondern auch »Arbeitssklaven« aus der Sowjetunion. In ihrem Brief vom 2. September 1942 an Lisa Remppis beschrieb sie die Entfremdung am Arbeitsplatz:

Meinen Fabrikdienst finde ich entsetzlich. Diese geist- und leblose Arbeit, dieser reine Mechanismus, dieses winzige Stückchen Teilarbeit, deren Ganzes unbekannt ist, deren Zweck mir schrecklich ist, sie greift nicht nur körperlich an, sondern vor allem seelisch. Auch der ewige Maschinenlärm, das erschreckende Geheul der Freizeitsirene, das entwürdigende Bild des Menschen an der Maschine, als hätte sie ihn in ihrer vollen Gewalt, tragen nicht zu einer Stärkung der Nerven bei. Wie schön dagegen ist die Arbeit eines Bauern, eines Handwerkers, ja sogar eines Straßenkehrers! Das Erquickendste ist noch das Putzen der Maschine am Samstag, da hat man doch ein Ziel und eine ganze Arbeit, nämlich die Maschine schön blank zu reiben, was eine ähnliche Freude auslösen kann wie die der Hausfrau an ihrer blitzsauberen Küche.
Neben mir arbeitet eine reizende Russin. Ich versuche, mein weniges Erlerntes hier zu verwerten, einige Worte habe ich sogar dazugelernt,

z. B. cepzibs, d. h. Ohrringe, denn diese Russinnen haben eine kindliche Freude an Schmuck, fast alle ließen sich billige Ohrringe durch ihre Ohrläppchen ziehen. Überhaupt sind sie viel kindlicher als die deutschen Arbeiterinnen, auch in ihrem arglosen Verkehr mit den Deutschen, der frei von jedem Mißtrauen ist. Das ist ein schöner, rührender Zug an ihnen. Wenn sie auf brutale Weise geschimpft werden, so verstehen sie das gar nicht und lachen hell auf. Ach wie schade wäre es, wenn zu ihnen auch das Mißtrauen und der Geschäftsverkehr von uns ›hochstehenden‹ Europäern hineingetragen würde.

Die Pole von Gefühl und Verstand
oder Tagebuch-Träume

Auch nach der anstrengenden Fabrikarbeit fand Sophie Scholl an manchen Tagen noch Zeit und Kraft, ihr Tagebuch fortzuführen, das sie einige Jahre zuvor begonnen hatte. Die Notizen enthalten Gedanken über ihre Existenz, ihre Gefühle, Stimmungen und Träume. Die Ausdrücke, die sie findet, wenn sie ihr Innerstes in Worte kleidet, sind – wie viele ihrer Briefe – von eindringlicher Schönheit und bildhafter Dichte. Im August 1942 schrieb sie einen Traum nieder:

Ich ging spazieren mit Hans und Schurik. Ich ging in der Mitte und hatte mich bei beiden eingehakt. Halb ging ich im Schritt, halb hüpfte ich und ließ mich, von den beiden in die Höhe gehalten, ein Stück schwebend mitziehen. Da fing Hans an: ›Ich weiß einen ganz einfachen Beweis für die Existenz und das Wirken Gottes auch in der Gegenwart. Die Menschen müssen doch soviel Luft haben zum Atmen, und mit der Zeit müßte doch der ganze Himmel verschmutzt sein von dem verbrauchten Atem der Menschen. Aber, um den Menschen diese Nahrung für ihr Blut nicht ausgehen zu lassen, haucht Gott von Zeit zu Zeit einen Mund voll seines Atems in unsere Welt, und der durchzieht die ganze verbrauchte Luft und erneuert sie. So macht er das‹: Und da hob Hans sein Gesicht in den trüben, trüben Himmel, er holte tief Atem und stieß die ganze Luft zu seinem geöffneten Mund heraus. Die Säule seines hervorströmenden Atems war strahlend blau, sie wurde groß und größer und ging weit bis in den Himmel hinein, verdrängte die schmutzigen Wolken, und da war vor und über und um uns der reinste, blaueste Himmel. Das war schön.

In einem weiteren Absatz dieser Tagebuchaufzeichnungen geht Sophie Scholl auf die Gefahren ein, in denen im Kriegsjahr 1942 jeder in Deutschland lebte. Die Möglichkeit, jederzeit bei einem Angriff ums Leben zu kommen, schreckte sie nicht; sie knüpfte daran die nüchterne Betrachtung:

Viele Menschen glauben von unserer Zeit, daß sie die letzte sei. Alle die schrecklichen Zeichen könnten es glauben machen. Aber ist dieser Glaube nicht von nebensächlicher Bedeutung? Denn muß nicht jeder

Mensch, einerlei in welcher Zeit er lebt, dauernd damit rechnen, im nächsten Augenblick von Gott zur Rechenschaft gezogen zu werden? Weiß ich denn, ob ich morgen früh noch lebe? Eine Bombe könnte uns heute Nacht alle vernichten. Und dann wäre meine Schuld nicht kleiner, als wenn ich mit der Erde und den Sternen zusammen untergehen würde.

An einer anderen Stelle ihres Tagebuchs beschreibt Sophie Scholl ihr Verhältnis zur Natur. Sie sieht sich aufrecht auf einem Floß stehen, *von dem wilden ungestümen Wind umspült,* die Sonne kommt heraus und küßt sie zärtlich und sie möchte sie wiederküssen. Sie möchte rufen vor Freude, *daß ich so allein bin,* und sie spürt alle Kräfte in sich. Ein überschwengliches Bild, das sie in dieser Tagebuchnotiz zeichnet, ein Bild, das in einem merkwürdigen Gegensatz zu ihren sonst nüchternen, manchmal fast kühlen Gedanken und Überlegungen steht.

Der Hamburger Publizist Erich Kuby hat für diesen Widerspruch eine einleuchtende Erklärung gefunden. Am 21./22. Februar 1953, also zehn Jahre nach der Hinrichtung der Geschwister Scholl, veröffentlichte er einen ganzseitigen Aufsatz über die WEISSE ROSE. Darin heißt es:

» Sophie Scholl war reifer und nüchterner als die meist älteren Freunde. Als sie noch zur Schule gegangen war, hatte sie ein Lehrer einmal frivol genannt, und sie hatte zu Hause gefragt, was dieses Wort bedeute. Es bedeutete unter anderem ein Mißverständnis des Lehrers, aber ein begreifliches. Der Verstand Sophie Scholls funktionierte unbeirrbar vom Gefühl, aber das Gefühl wurde vom Verstand nicht bedrängt. Die Pole, klare Logik dort, schwärmerische Empfindsamkeit da, lagen bei ihr viel weiter auseinander als bei den meisten Menschen. «

Diese beiden Pole wurden auch in ihren Briefen an Fritz Harnagel sichtbar, den sie seit Frühjahr 1942 nicht mehr gesehen hatte. Der briefliche Kontakt zwischen den beiden war in dieser Zeit immer schwieriger geworden. Sophie Scholl wußte nicht, ob ihre Zeilen den Freund überhaupt noch

erreichten. Am 7. Oktober 1942, am Tag der Rückkehr ihres Bruders Hans, schrieb Sophie Scholl an Fritz Hartnagel:

Heute abend kommt Hans aus Rußland zurück. Nun sollte ich mich wohl freuen, daß er wieder bei uns ist, und ich tue es auch, und male mir schon die Tage aus, die wir gemeinsam in München verbringen werden, in unserer kleinen Wohnung, und die wohl fruchtbar sein könnten.
Und doch kann ich mich nicht ungetrübt freuen. Die Unsicherheit, in der wir heute dauernd leben, die ein fröhliches Planen für den morgigen Tag verbietet und auf alle die nächsten kommenden Tage ihre Schatten wirft, bedrückt mich Tag und Nacht, und verläßt mich eigentlich keine Minute. Wann endlich wird die Zeit kommen, wo man nicht seine Kräfte und all seine Aufmerksamkeit immer nur gespannt halten muß für Dinge, die es nicht wert sind, daß man nur den kleinen Finger ihretwegen krümmt. Jedes Wort wird, bevor es gesprochen wird, von allen Seiten betrachtet, ob kein Schimmer der Zweideutigkeit an ihm haftet. Das Vertrauen zu anderen Menschen muß dem Mißtrauen und der Vorsicht weichen. Oh, es ist ermüdend und manchmal entmutigend. Doch nein, ich will mir meinen Mut durch nichts nehmen lassen, diese Nichtigkeiten werden doch nicht Herr über mich werden können, wo ich ganz andere unantastbare Freuden besitze. Wenn ich daran denke, fließt mir Kraft zu, und ich möchte allen, die ähnlich niedergedrückt sind, ein aufrichtendes Wort zurufen.
Von Dir ist nun schon lange keine Post mehr gekommen, daß ich mir allerlei Gedanken mache. Bist Du am Ende verlegt worden? Das kann ich nach Deinen bisherigen Briefen doch fast nicht vermuten. Doch wenn es Dir gut geht, warte ich gerne. Vielleicht geht auch manches verloren. Ich möchte einmal wieder mit Dir durch den Wald laufen, oder egal wo; doch das steht noch in der Ferne, wenn auch nicht in der unerreichbaren. Einstweilen muß mir ein Briefbogen genügen, der Dir viele herzliche Grüße zuträgt von Deiner Sophie.

Geld für den Untergrund

Anfang Oktober 1942 kehrten Hans Scholl, Alexander Schmorell, und Willi Graf nach München zurück. Sie hatten nicht nur die Weite und Schönheit der russischen Landschaft kennengelernt, sondern mit eigenen Augen das ganze Elend des Krieges und den Vernichtungsfeldzug von SS und Teilen der Wehrmacht in den besetzten Gebieten gesehen. Erich Kuby geht in dem bereits erwähnten Aufsatz auf diese Erfahrungen ein. Er schreibt:

》Bereits auf der zwölftägigen Fahrt nach Rußland wurde einer aus dem Freundeskreis plötzlich zur zentralen Figur, weil er, russisch sprechend, in Rußland von deutschem Vater gezeugt und russischer Mutter geboren, dorthin wie in sein zweites Heimatland zurückkehrte: Alexander Schmorell. Alexander, von der Familie und den Freunden russisch Schurik genannt, hatte niemals eine Phase der Begeisterung für den Nationalsozialismus durchlaufen. Er war aus Gründen seines Temperamentes und einer vorwiegend künstlerischen Natur (Medizin studierte er nur dem Vater zuliebe, er wollte Bildhauer werden) von einem geradezu fanatischen Freiheits- und Unabhängigkeitsbedürfnis, das, zusammen mit einem strengen Gerechtigkeitsgefühl, ihn bereits beim Arbeitsdienst und in der ersten Militärzeit in immer neue schwierige Lagen gebracht hatte, aus denen der Vater mit Hilfe verständnisvoller Vorgesetzter ihm heraushelfen mußte. Ihn ergriff die Begegnung mit Rußland wie ein Rausch, durch seine Beherrschung des Russischen kamen er und die Freunde in nahe Beziehung mit der russischen Bevölkerung, und wie es ja vielen sensiblen deutschen Soldaten in Rußland gegangen ist: Die Weite des Landes und des Himmels überwältigte sie. Zugleich erlebten sie das Regime von einer seiner furchtbarsten Seiten, sie sahen, wie es in Rußland hauste und mit den russischen ›Untermenschen‹, die sie lieben und achten lernten, umging.

Diese russischen Monate müssen für die Freunde eine wild verwegene Zeit gewesen sein, oft waren sie, wenn sie deutschen Gewalttaten gegen Russen, wo sie sie sahen, entgegentraten, bereits in Gefahr, und nur mit Mühe wurden angestrengte Kriegsgerichtsverfahren gerade noch unterdrückt. Schmorell spielte Bala-

laika, der Wodka kam bei allen zu Ehren, und als sie die Erfahrung machten, daß sie immer wieder mit einem blauen Auge davonkamen, entwickelte sich in ihnen das Gefühl: Uns kann nichts geschehen! In dieser Stimmung kamen sie nach München in vermehrte Kriegsnot zurück, die bald darauf eine Steigerung durch die Katastrophe von Stalingrad erfahren sollte.

An ihrem Entschluß, den Widerstand nach Kräften fortzusetzen, gab es nun keinen Zweifel mehr. Ähnlich motiviert kam Sophie Scholl in München an. Ihre Erfahrungen in dem Rüstungsbetrieb, in dem sie zwei Monate gearbeitet hatte, und die Gefängnishaft für ihren Vater verstärkten nur noch die schon einmal getroffene Entscheidung, aktiv im Widerstand mitzuarbeiten. Robert Scholl war inzwischen wieder auf freiem Fuß – der Rest der Strafe war ihm erlassen worden –, aber dafür erhielt er Berufsverbot. Er hätte sich nun nach einer kleinen abhängigen Buchhalterstelle umschauen müssen, die ihm wohl kaum erlaubt hätte, eine große Familie zu ernähren, geschweige denn, Kinder studieren zu lassen. Doch es sollte anders kommen.
Die Wochen vor Weihnachten nutzten die Studenten, neue Kontakte zu knüpfen und die Widerstandsgruppe vorsichtig zu erweitern. Professor Kurt Huber, der Buchhändler Josef Soehngen und der Student Jürgen Wittenstein kamen hinzu. Professor Huber, der Philosophie lehrte und dessen Vorlesungen besonders Sophie Scholl schätzte, spielte in der WEISSEN ROSE bald eine wichtige Rolle. Buchhändler Soehngen gehörte ebenfalls zu den älteren Freunden und Beratern, bei denen sich die Studenten ab und zu aussprechen und entspannen durften. Durch Soehngen wurden auch erste Schritte unternommen, mit Hilfe des Kunsthistorikers Stepanow Verbindung zum italienischen Widerstand zu knüpfen.
An einem November-Wochenende fuhren Hans Scholl und Alexander Schmorell nach Chemnitz, um Falk Harnack zu treffen, den Bruder von Arvid Harnack, der als einer der Führer der Widerstandsorganisation ›Rote Kapelle‹ bereits inhaftiert war. Über Falk Harnack sollte die Verbindung zu den Männern und Frauen hergestellt werden, die später am 20. Juli 1944 dann vergeblich versuchen sollten, Hitler durch ein Attentat zu beseitigen.

Weiter sollten mit Hilfe der Weissen Rose an möglichst vielen Universitäten in Deutschland Zellen gebildet werden, um nach dem Vorbild der Münchner Gruppe Aufklärungsaktionen zu starten. In Hamburg bestand bereits ein solch loser Zusammenschluß. Traute Lafrenz fuhr im November für einige Wochen in ihre Heimatstadt, um die studentische Opposition mit den Plänen der Weissen Rose bekannt zu machen. Ihre Vorschläge und Anregungen fanden regen Zuspruch, so daß die praktische Untergrundarbeit bald beginnen konnte.
Doch vor allem brauchten die Studenten Geld, um neue Vervielfältigungsgeräte, Schreibmaschinen und Schreibpapier anschaffen zu können. Sophie Scholl erhielt zum Beispiel von ihrem Freund Fritz Hartnagel 1000,– RM, die sie von ihm für »einen guten Zweck« erbeten hatte. Anfang Dezember 1942 fuhren Hans und Sophie Scholl nach Stuttgart, wo Hans Scholl den Steuerberater Eugen Grimminger aufsuchte. Grimminger war mit einer Jüdin verheiratet und hatte in freundschaftlicher Weise das Büro von Robert Scholl betreut, solange dieser im Gefängnis gesessen hatte. Während Hans Scholl mit Grimminger verhandelte, besuchte Sophie Scholl ihre Schulfreundin aus dem Fröbel-Seminar, Susanne Hirzel, die in Stuttgart Musik studierte. In dem schon erwähnten Brief von Susanne Zeller, geborene Hirzel, an Inge Aicher-Scholl schilderte sie auch das Zusammentreffen mit Sophie Scholl:

》 Sophie besuchte mich in Stuttgart, solange Hans bei Grimminger um Geld nachsuchte. Sophie wollte mich überreden, zu einer Zusammenkunft im Atelier Eickemeyer zu kommen. Weil aber die Hochschule ein Haydn-Oratorium aufführte und ich eines der wenigen Celli war, konnte ich nicht kommen. Sophie machte Andeutungen von Flugblattaktionen. Als wir die Römerstraße hinuntergingen, um in der Calwer-Straße dann Hans zu treffen, meinte sie: ›Wenn hier Hitler mir entgegen käme und ich eine Pistole hätte, würde ich ihn erschießen. Wenn es die Männer nicht machen, muß es eben eine Frau tun.‹ Ich beneidete sie um ihre entschiedene Meinung, da ich selbst von Zweifeln geplagt war. Ich entgegnete: ›Da wäre doch gleich der

Himmler zur Stelle und nach diesem genügend andere.‹ Sie erwiderte: ›Man muß etwas machen, um selbst keine Schuld zu haben.‹ Das waren die letzten wichtigen Worte, die wir gewechselt haben. Wir trafen Hans im Café und aßen Kirschkuchen.

Hans befand sich in einer wahren Euphorie, denn er hatte Erfolg bei Grimminger gehabt, in ihm einen Gesinnungsgenossen gefunden. Er war überzeugt, daß, wenn ein Anstoß käme, das Volk sich erheben würde. **«**

Herstellung und Vertrieb der Flugblätter waren mit vielen Mühen und großen Gefahren verbunden. Bei jedem Luftangriff unterbrachen die Studenten die Arbeit und schafften das Vervielfältigungsgerät in den Keller des Ateliers oder der Buchhandlung Soehngen, wo es unter Pappkartons versteckt wurde. Der Vervielfältiger funktionierte nicht etwa durch Knopfdruck, sondern mußte mit der Handkurbel bedient werden. Die Studenten wechselten einander ab, Sophie Scholl war bei solchen Arbeiten fast immer dabei. Sie besorgte Matrizen und Papier. Schon dabei mußte sie vorsichtig vorgehen. Sie konnte nicht immer in demselben Geschäft einkaufen, um sich nicht verdächtig zu machen. Traute Lafrenz fuhr zum Beispiel extra zu einem Onkel nach Wien, der eine Großhandlung für Büroartikel besaß, um einen neuen Vervielfältigungsapparat zu organisieren.
Manche Nacht verbrachten Sophie Scholl und ihre Freunde im Atelier. Zum Briefeschreiben kam Sophie in dieser Zeit kaum noch, denn die Flugblätter mußten in einem möglichst großen Umkreis verteilt werden. Nur ein Teil wurde in München verschickt. Die meisten Blätter wurden von ihnen selber als Kurieren in andere Städte gebracht. Sophie Scholl packte ihre alte Schulmappe oder ihren Rucksack voll und pendelte mit dem Zug zwischen Augsburg, Stuttgart und Ulm. Wenn ein Gestapo-Beamter den Inhalt der Tasche kontrolliert hätte, wäre sie sofort verhaftet worden. Um solcher Gefahr zu entgehen, wurde Rucksack oder Mappe zu Beginn der Reise in einem Abteil abgelegt, und der Kurier nahm im nächsten Abteil Platz. Kurz vor der Ankunft holte er sich sein Gepäck wieder.
Die Flugblätter der W‍EISSEN R‍OSE tauchten bald in vielen deutschen Städten auf, in Frankfurt, Berlin, Hamburg, Freiburg i. B., Saarbrücken, auch in

Salzburg und Wien. Einzelne Exemplare gelangten später sogar ins Ausland nach Norwegen, England und Schweden. In München war die Gestapo aufs höchste alarmiert. Sie bildete eine Sonderkommission, die ausschließlich den Auftrag hatte, die Widerstandsgruppe ausfindig zu machen.

Die Aktivitäten der Gruppe dauerten bis in die zweite Dezember-Hälfte des Jahres 1942 hinein. Dann trennte man sich mit dem festen Vorsatz, die Weihnachtsfeiertage zu nutzen, um im Freundes- und Bekanntenkreis weitere Helfer und Mitstreiter für den Widerstand zu gewinnen.

Die Angst gehörte zum Alltag

Während der Weihnachtstage, die Hans und Sophie in Ulm verbrachten, versuchte Hans, seiner Schwester Inge gegenüber eine Andeutung über die Münchner Widerstandsaktionen zu machen. Er berichtete mit großer Anteilnahme, daß in Mannheim erst vor kurzem vierzehn kommunistische und sozialdemokratische Widerstandskämpfer hingerichtet worden seien. Er fuhr fort: »Es ist höchste Zeit, daß endlich auch von christlicher Seite etwas geschieht. Es muß ein sichtbares Zeichen des Widerstandes von Christen gesetzt werden. Sollen wir am Ende dieses Krieges mit leeren Händen vor der Frage stehen: Was habt ihr getan?« Als Hans merkte, in welche Panik er seine Schwester versetzte, wußte er, daß er nicht weiterreden durfte. Inge fragte zurück: »Warum müssen *wir* es tun? Die Fährte zu uns ist schon tief genug ausgetreten. Können wir es nicht anderen überlassen, von denen die Gestapo noch nicht so viel weiß?« Der Bruder wechselte das Thema. Die Gefahr für Eltern und Geschwister noch vergrößern, ihr Leben gar gefährden, das durfte und wollte er nicht.

Was in München im einzelnen vor sich ging, davon hatte Inge Scholl trotz der gelegentlichen Besuche bei ihren Geschwistern keine genaue Vorstellung. Sie kannte die Einstellung der beiden, wußte von regimekritischen Artikeln, die zirkulierten, und registrierte gelegentlich Andeutungen, die jedoch erst im Nachhinein einen Zusammenhang ergaben.

Rückblickend ist sie fast erleichtert, die heraufziehende Gefahr nicht in vollem Umfang gekannt zu haben. Schon die Andeutungen reichten, um immer wieder ohnmächtige Angst auszulösen. Sie erzählt:

»Eines Tages brachte meine Schwester eines der Flugblätter der WEISSEN ROSE aus München mit. Sie legte es dem Vater vor und sah ihn mit gespannten Augen an. Sie dachte, er würde sich über ein Zeichen des Widerstandes freuen, und das tat er auch. Doch plötzlich fragte er: ›Sophie, ihr habt doch hoffentlich nichts damit zu tun?!‹ Da schaltete sie ganz schnell und reagierte entrüstet: ›Wie kannst du so etwas überhaupt vermuten? Bei uns in München brodelt es an allen Ecken. Aber bei solchen Dingen machen wir nicht mit.‹ Damit konnte sie ihn beruhigen.

Die Flugblätter der WEISSEN ROSE

tauchten auch sonst in Ulmer Briefkästen auf. Die Mutter einer Freundin, die ebenfalls in München studierte, kam einmal völlig aufgelöst mit einem Flugblatt in der zitternden Hand zu uns und wollte wissen, ob uns bekannt sei, woher dieses Blatt käme und ob meine Geschwister etwas damit zu tun hätten. Ich erwiderte beinahe zornig, wie sie zu solchen Verdächtigungen käme. Daraufhin zog die Frau kleinlaut ab und wollte nur noch wissen, was sie jetzt mit dem Flugblatt tun solle, ob sie etwa zur Polizei gehen müsse. Ich nahm es ihr ab und warf es in den Abfluß.

Auch in Sophies Verhalten liegt – im Nachhinein gesehen – ein Zeichen dafür, was in München geschah. Sie benutzte das Elternhaus bewußt zum Entspannen und genoß die Tage zu Hause richtig. Das Umsorgtwerden durch die Mutter, das tat ihr gut. Der Vater im Hintergrund, das bedeutete Sicherheit und Ruhe trotz aller Gefährdung. Sie hat einmal gesagt, die 150 Kilometer zwischen Ulm und München machten aus einem fröhlichen, entspannten und unbekümmerten Kind einen total erwachsenen Menschen. Dabei kann ich mir gut vorstellen, daß Sophie die Last des Erwachsenenseins, die Herausforderung zum Widerstand gern abgeschüttelt hätte. Beide, Hans und Sophie, haben das Leben geliebt und hätten die Insel der schönen Jugendjahre noch gern etwas länger besetzt. Und es war kein Leichtsinn, der sie davon vertrieb, auch kein Idealismus, eher das Gegenteil: Der Weg vom Idealismus zur Wirklichkeit, zu einer allerdings sehr unangepaßten Wirklichkeit. 《

Der Stein kommt ins Rollen

Anfang Januar 1943 kehrten Sophie und Hans Scholl nach München zurück. Dort, in der Franz-Joseph-Straße 13, besaß Sophie Scholl seit Ende November 1942 ein Zimmer direkt neben ihrem Bruder, so daß die beiden vieles gemeinsam planen und unternehmen konnten. Und es gab sehr viel zu besprechen, denn die Herstellung eines neuen Flugblattes und seine Verbreitung in möglichst vielen großen Städten Deutschlands erforderte umfangreiche Vorbereitungen und Vorsichtsmaßnahmen.

Das neue Flugblatt trug die Überschrift: **Aufruf an alle Deutsche!** und begann mit dem Satz:
Der Krieg geht seinem sicheren Ende entgegen.
Und einige Zeilen weiter hieß es:
Hitler kann den Krieg nicht gewinnen, nur noch verlängern.
Dies war seit langem die Überzeugung der Gruppe. Aber das Flugblatt enthielt auch ganz neue Töne. Vom *imperialistischen Machtgedanken,* von einem *vernünftigen Sozialismus* und einem *föderalistischen Deutschland* war die Rede. Solche Stellen spiegelten die vorausgegangenen Diskussionen wider. Der Widerstand der Weissen Rose war entschiedener und radikaler, auch politischer geworden. In den Gesprächen trat öfter die Frage auf, wie es nach dem Sturz der Hitler-Diktatur weitergehen solle.

Das neue Flugblatt wurde mit großer Mühe von Alexander Schmorell, Willi Graf und den Geschwistern Scholl in einer Auflage von mehreren tausend Exemplaren hergestellt. Bei der Verteilung mußte dafür gesorgt werden, daß München nicht als Herstellungsort erkennbar wurde. Alexander Schmorell nahm den Zug nach Salzburg, Jürgen Wittenstein und Helmut Hartert organisierten das Verteilen in Berlin. Sophie Scholl übernahm wieder den Vertrieb für die Städte Augsburg, Stuttgart und Ulm. Sie fuhr mit dem Zug nach Augsburg und steckte die Umschläge, die bereits in München mit Adressen und Briefmarken versehen worden waren, in verschiedene Briefkästen. Von Augsburg ging es weiter nach Ulm, wo sie sich mit dem Schüler Hans Hirzel, dem Bruder ihrer Freundin Susanne Hirzel, verabredet hatte. Dieser übernahm einen Stapel Flugblätter für Stuttgart. Willi Graf führte über die unruhigen Tage im Januar Tagebuch. Unter anderem notierte er:

» 11. 1. 1943 – am abend sind wir wiederum gäste im atelier. es ist der letzte abend vor der abreise des gastgebers. wir reden viel, und mancher gute gedanke wird geboren. nun ist der maler geyer für einige tage hier in münchen.

13. 1. 1943 – die tage vergehen in einer seltenen hast. besuch bei hans, auch am abend bin ich noch dort, wir beginnen wirklich mit der arbeit – der stein kommt ins rollen. «

Der Stein kam wirklich ins Rollen. Obwohl mit der Erweiterung des Aktionsradius auch das Gefahrenmoment größer wurde, kehrten alle Beteiligten immer wieder unbehelligt von ihren gefährlichen Reisen zurück.

Die Unverschämtheit des Gauleiters
oder Statt zu studieren, dem Führer ein Kind schenken!

Die Stimmung an der Münchner Universität verschlechterte sich in der zweiten Januarhälfte rapide. Tagelang diskutierten die Studenten über einen Vorfall, der anläßlich der 470-Jahr-Feier der Hochschule am 13. Januar 1943 passiert war. Im Verlauf einer Festveranstaltung im Deutschen Museum hatte der Gauleiter der Stadt, Paul Giesler, die Studentinnen aufgefordert, sie sollten lieber dem Führer ein Kind schenken, statt sich an der Universität herumzudrücken. Weniger hübschen Mädchen versprach Giesler, ihnen einen seiner Adjutanten zuzuweisen.

Einige Studentinnen sprangen vor Zorn über diese Beleidigung auf und stürmten zum Ausgang. Auf Befehl des Gauleiters nahmen SS-Leute sie dort fest und führten sie ab. Innerhalb kurzer Zeit entlud sich dann der Protest der im Saal versammelten Studenten. Sie forderten in Sprechchören die Freilassung der Kommilitoninnen. Einige drängten zum Podium und holten sich den NS-Studentenführer herunter, verprügelten ihn und erklärten ihn zur Geisel, und zwar so lange, bis die Studentinnen wieder auf freiem Fuß seien. Ein herbeitelefoniertes Überfallkommando der Polizei beendete den Tumult und entschied die Auseinandersetzung zunächst zugunsten des Gauleiters.

Einige Tage später – die Studentinnen waren inzwischen freigelassen worden – fand eine zweite Versammlung statt. Giesler stieß erneut wilde Drohungen aus, aber immerhin entschuldigte er sich für seine Rede. Die Beteiligten des Vorfalls, darunter Mitglieder der WEISSEN ROSE, merkten, daß sie nicht mehr machtlos waren.

Eine offene Rebellion einer Studentenversammlung hatte es in München bis zum 13. Januar 1943 nicht gegeben. Die Gestapo verdoppelte seit diesem Tag ihre Anstrengungen, den um sich greifenden Widerstandsbazillus endlich zu vernichten. Die Beamten der Sonderkommission verfügten zwar über Hinweise auf einzelne verdächtige Personen, aber Konkretes hatten sie nicht in der Hand und das machte sie umso nervöser, als die Flugblätter inzwischen an so vielen verschiedenen Orten auftauchten.

Die Studenten in München waren sich der wachsenden Gefahr durchaus bewußt. Mehr und mehr lebte die Gruppe in einer Ausnahmesituation, die sie zu immer neuen Aktivitäten drängte und auch Fehler machen ließ.

Gelegentlich blieben die Utensilien für das Abziehen der Flugblätter schon einmal liegen. Das unverzügliche Wegräumen, das notwendig gewesen wäre, mag aus Müdigkeit aufgeschoben worden sein. Wer Sophie und Hans Scholl sowie den übrigen Mitgliedern der Wiederstandsgruppe deswegen Leichtsinn und Unvorsichtigkeit vorwirft, macht es sich zu leicht. Die Studenten besaßen – im Gegensatz etwa zu den Kommunisten – keine straff geführte Organisation. Von Untergrundarbeit hatten sie kaum etwas gehört, als sie anfingen, damit eigene Erfahrungen zu sammeln. Fast alles, was einer Aktion zum Erfolg verhelfen sollte, mußte gelernt und improvisiert werden. Dabei mußte die überaus umfangreiche Arbeit auf einen sehr kleinen Personenkreis beschränkt bleiben, weil jede weitere Person die Gefährdung vergrößern konnte. Der Architekt Manfred Eickemeyer hat später bezeugt, wie vorsichtig und gründlich zum Beispiel Hans Scholl sich verhielt, wenn neue Teilnehmer zu den Gesprächen hinzugezogen werden sollten. Niemand sei zugelassen worden, dessen Charakter und politische Überzeugung nicht gründlich geprüft worden seien. Von Leichtsinn kann also keine Rede sein, eher von großer Vorsicht, von Klugheit, Phantasie und den objektiven physischen Grenzen, die den Akteuren schließlich gesetzt waren.

Mit Teerfarbe »Freiheit« gemalt
oder »Die Nacht ist des Freien Freund«

Nach einer erfolgreichen Flugblattaktion setzte bei den Beteiligten nicht selten eine Phase der inneren Leere ein, die oft noch schwerer zu ertragen war als der vorausgegangene Spannungszustand. Sophie Scholl hat diesen Bruch besonders stark gespürt. In ihrer letzten Tagebuchaufzeichnung vom 13. Januar 1943 notierte sie:

Sobald ich allein bin, verdrängt eine Traurigkeit jede Lust zu einer Tätigkeit in mir. Wenn ich ein Buch zur Hand nehme, dann nicht aus Interesse, sondern so, als ob es ein anderer täte. Über diesen entsetzlichen Zustand kann nur eines helfen. Die schlimmsten Schmerzen, und wären es bloß körperliche, sind mir tausendmal lieber als diese leere Ruhe.

In den wenigen Zeilen, die sie in den Januarwochen verschickte, beklagte sie diesen Zustand ebenfalls. In ihrem Brief an Otl Aicher vom 19. Januar 1943 sprach sie von kleineren Reibereien mit sich selber und fügte hinzu: *Meine Gedanken springen hierhin und dahin, ohne daß ich richtig über sie gebieten könnte.* Nur gegenüber ihren Eltern verschwieg sie ihr aus dem Lot geratenes Inneres. Unter dem Datum 30. Januar 1943 bat sie darum, dem Maler Geyer, wenn er demnächst wieder nach München fahre, ein weißes Tischtuch sowie etwas Bodenwachs mitzugeben, damit ihr Fußboden endlich wieder ein anderes Aussehen bekomme.

In dieser Zeit besuchte Elisabeth Scholl die Geschwister. Sie erinnert sich:

» Ich war ca. zehn Tage von Ende Januar bis zum 5. Februar 1943 in München bei Hans und Sophie in der Franz Joseph-Straße 13 zu Gast. Während meines Aufenthaltes konnte ich keine Spur der Aktionen meiner Geschwister wahrnehmen. Ich erbot mich, die Wohnung der beiden einer gründlichen Frühjahrsreinigung zu unterziehen, wozu wir uns zwei Tage Zeit nahmen. Auch dabei konnte ich keinerlei Gegenstände entdecken, die Verdacht erregt hätten. Unverständlich war mir Sophies Aufregung, als Alex einmal einen Militärfahrschein aus Saarbrücken hatte liegenlassen. Sie war aufgebracht über diese ›Unvorsichtigkeit‹.
Ein Russenkittel von Alex Schmo-

rell hing in der Wohnung. Sophie sagte damals halb im Scherz: ›Den zieht er an, wenn er ab und zu mit russischen Fremdarbeiterinnen und Fremdarbeitern in einen Kellerraum geht, um dort russische Tänze zu tanzen. Das gibt ihm das Gefühl, in Rußland zu sein.‹

Einmal kam Christl Probst auf der Durchfahrt durch München zu einem kurzen Aufenthalt zu uns. Ich war beeindruckt, daß er trotz eines Aufenthalts von nur eineinhalb Stunden die Uniform mit Zivilkleidern tauschte. Er zog sich sofort mit Hans in dessen Zimmer zurück. Anschließend tranken wir zusammen Tee und sprachen über Christls Frau, die nach der Geburt ihres dritten Kindes mit Wochenbettfieber in einer Klinik lag.

An einem Abend ging Hans mit Alex Schmorell weg, in die Frauenklinik, wie sie sagten. Kurz darauf erschien Willi Graf in der Wohnung. Als ich ihm sagte, die beiden seien zur Frauenklinik, lachte er und bemerkte, die würden ohne ihn nicht dorthin gehen. Sophie machte mir an diesem Abend einen nervösen Eindruck. Wir machten einen Spaziergang im Englischen Garten. Sophie sagte während des Spaziergangs, man müsse etwas tun, zum Beispiel Maueranschriften machen. ›Ich habe einen Bleistift in der Tasche‹, sagte ich. Sophie: ›Mit Teerfarben muß man sowas machen.‹ Ich: ›Das ist aber wahnsinnig gefährlich.‹ Sophie, ablenkend: ›Die Nacht ist des Freien Freund.‹

Als wir in der Wohnung zurück waren, rief Hans an und bat: ›Besorgt eine Flasche Wein. Ich habe noch 50.– RM in der Tasche gefunden.‹ Im Hause wohnte ein Schwarzhändler, bei dem man sich für besondere Gelegenheiten mal eine Flasche Wein erstand, zum Preis von 20.– RM. Hans, Alex und Willi Graf kamen kurz darauf in gelöster Stimmung in die Wohnung, und wir verbrachten noch einen entspannten und gemütlichen Abend.

Am nächsten Morgen begleitete ich Sophie und Hans in eine Vorlesung von Professor Huber über Leibniz in die Uni. Neben dem Eingang der Universität stand eine große Ansammlung von Studenten und starrte an die Mauer. Als wir näherkamen, sahen wir an dieser Mauer in über einen Meter großen Buchstaben in schwarzer Farbe das Wort FREIHEIT angeschrieben. Mehrere Putzfrauen waren emsig bemüht, diese Anschrift abzuschrubben. Ein älterer Student sagte zu Sophie: ›Diese Schweinehunde!‹ Hans drängte darauf, daß wir weitergingen, indem er sagte: ›Wir wollen nicht auffallen.‹ Im Weggehen sagte Sophie leise zu mir: ›Da können sie lange schrubben, das ist Teerfarbe.‹ **《**

Traute Lafrenz war ebenfalls an diesem Vormittag in der Universität. Sie beobachtete, wie Hans Scholl den Eingang passierte.

》 Ich ging zur Universität und sah Hans von der anderen Seite mir entgegenkommen… mit großen Schritten, ein wenig vornübergeneigt (er hielt sich schlecht in der letzten Zeit), ging er an den… Menschen vorbei – nur ein kleines, fast übermütiges Lächeln lag über den sehr wachen Zügen. Als wir dann in die Universität hineingingen, an Scharen von Reinemachefrauen vorbei, die mit Eimern, Besen und Bürsten die Schrift von der Steinmauer abkratzen wollten, da verstärkte sich dieses Lächeln – und als dann ein aufgeregter Student auf uns zugelaufen kam: ›Habt ihr schon gesehen?‹, da lachte Hans laut heraus und sagte: ›Nein, was ist denn?‹ Und von dem Moment fing ich an, wahnsinnige Angst um ihn zu haben. **《**

»Hoffentlich geht es Dir recht gut«

Am 3. Februar 1943 kam eine Nachricht im Radio, die vieles veränderte: Die Schlacht von Stalingrad war geschlagen. Die deutsche Wehrmacht hatte ihre verheerendste Niederlage erlebt, von der sie sich nicht wieder erholte. Nach Stalingrad wurde die einzige Verbindung zwischen Sophie Scholl und Fritz Hartnagel – das Austauschen von Briefen – noch schwieriger und brüchiger. Der Offizier Hartnagel stand in der Schlacht an vorderster Front, die Studentin der Philosophie und Biologie, Sophie Scholl, kämpfte zur gleichen Zeit im Widerstand. Dieser Widerspruch änderte an ihrer Freundschaft nichts. Auch wenn sie nicht sicher sein konnte, daß die Briefe überhaupt jemals ankamen, schrieb Sophie Scholl weiter nach Rußland. Sie berichtete über den Alltag und ihre Umgebung und hörte nicht auf, sich um den Freund zu sorgen: *Hoffentlich geht es Dir recht gut, daß Dich auch der Kriegslärm und das Elend nicht aus Deiner geraden Bahn werfen können.*
Anfang Februar teilte sie Fritz Hartnagel mit, Otl Aicher befinde sich auf Heimaturlaub. Er habe sie modelliert. *Nun habe ich große Lust in meine Hände bekommen, es ihm gleich zu tun. Ich freue mich schon darauf. Die Feder oder der Bleistift sind viel zu ungeduldig, um ein Gesicht festzuhalten. Auch habe ich, wenn ich sie gebrauche, nicht diese Sicherheit, die ich beim Betasten des Lehms spüre, beinahe verführerisch.*
Unter dem Datum 16. Februar 1943 schrieb sie noch einmal an Fritz Hartnagel. Es sollte ihr letzter Brief werden. In den Zeilen ist von dem Aufenthalt zu Hause in Ulm die Rede, von den Eltern und davon, daß zwischen Ulm und München für sie Welten lagen:

Lieber Fritz!
Noch einen kurzen Gruß, bevor ich wieder in meine Vorlesungen laufe. Ich hatte es Dir ja, glaube ich, schon geschrieben, daß ich zehn Tage daheim war, um dort zu helfen. Diese Tage, obwohl ich nicht viel zu meiner eigenen Beschäftigung komme, tun mir immer wohl, und wenn es nur deshalb wäre, weil mein Vater sich so freut, wenn ich komme, und sich wundert, wenn ich wieder gehe, und weil meine Mutter um so tausend Kleinigkeiten besorgt ist. Diese Liebe, die so umsonst ist, ist für mich

etwas Wunderbares. Ich empfinde sie als etwas vom Schönsten, was mir beschieden ist.
Die 150 Kilometer, die zwischen Ulm und München liegen, verändern mich dann so rasch, daß ich selbst erstaunt bin. Ich werde von einem harmlosen ausgelassenen Kind zu einem auf sich gestellten Menschen. Doch dieses Alleinsein tut mir gut, wenn ich mich auch manchmal nicht so wohl darin befinde, weil ich doch von Menschen recht verwöhnt bin. Aber geborgen fühle ich mich erst dort, wo ich merke, daß eine selbstlose Liebe da ist, und die ist doch verhältnismäßig selten.

Das letzte Flugblatt

Seit der Schlacht von Stalingrad wußten die Mitglieder der WEISSEN ROSE, daß die Zeit für sie arbeitete. Sie wollten keine Minute mehr verlieren und planten ihr nächstes Flugblatt. Es sollte in der Phase der stärksten Hoffnung auf einen Sturz Hitlers zugleich das letzte Flugblatt der WEISSEN ROSE werden:

Kommilitonen! Kommilitoninnen!

Erschüttert steht unser Volk vor dem Untergang der Männer von Stalingrad. Dreihundertdreißigtausend deutsche Männer hat die geniale Strategie des Weltkriegsgefreiten sinn- und verantwortungslos in Tod und Verderben gehetzt. Führer, wir danken dir!
Es gärt im deutschen Volk: Wollen wir weiter einem Dilettanten das Schicksal unserer Armeen anvertrauen? Wollen wir den niedrigsten Machtinstinkten einer Parteiclique den Rest unserer deutschen Jugend opfern? Nimmermehr! Der Tag der Abrechnung ist gekommen, der Abrechnung der deutschen Jugend mit der verabscheuungswürdigsten Tyrannis, die unser Volk je erduldet hat. Im Namen des ganzen deutschen Volkes fordern wir vom Staat Adolf Hitlers die persönliche Freiheit, das kostbarste Gut der Deutschen zurück, um das er uns in der erbärmlichsten Weise betrogen.
In einem Staat rücksichtsloser Knebelung jeder freien Meinungsäußerung sind wir aufgewachsen. HJ, SA, SS haben uns in den fruchtbarsten Bildungsjahren unseres Lebens zu uniformieren, zu revolutionieren, zu narkotisieren versucht. ›Weltanschauliche Schulung‹ hieß die verächtliche Methode, das aufkeimende Selbstdenken in einem Nebel leerer Phrasen zu ersticken. Eine Führerauslese, wie sie teuflischer und zugleich borniert nicht gedacht werden kann, zieht ihre künftigen Parteibonzen auf Ordensburgen zu gottlosen, schamlosen und gewissenlosen Ausbeutern und Mordbuben heran, zur blinden, stupiden Führergefolgschaft. Wir ›Arbeiter des Geistes‹ wären gerade recht, dieser neuen Herrenschicht den Knüppel zu machen. Frontkämpfer werden von Studentenführern und Gauleiter-

aspiranten wie Schuljungen gemaßregelt, Gauleiter greifen mit geilen Späßen den Studentinnen an die Ehre. Deutsche Studentinnen haben an der Münchner Hochschule auf die Besudelung ihrer Ehre eine würdige Antwort gegeben, deutsche Studenten haben sich für ihre Kameradinnen eingesetzt und standgehalten... Das ist ein Anfang zur Erkämpfung unserer freien Selbstbestimmung, ohne die geistige Werte nicht geschaffen werden können. Unser Dank gilt den tapferen Kameradinnen und Kameraden, die mit leuchtendem Beispiel vorangegangen sind!
Es gibt für uns nur eine Parole: Kampf gegen die Partei! Heraus aus den Parteigliederungen, in denen man uns politisch weiter mundtot halten will! Heraus aus den Hörsälen der SS-Unter- und Oberführer und Parteikriecher! Es geht uns um wahre Wissenschaft und echte Geistesfreiheit! Kein Drohmittel kann uns schrecken, auch nicht die Schließung unserer Hochschulen. Es gilt den Kampf jedes einzelnen von uns um unsere Zukunft, unsere Freiheit und Ehre in einem seiner sittlichen Verantwortung bewußten Staatswesen.
Freiheit und Ehre! Zehn lange Jahre haben Hitler und seine Genossen die beiden herrlichen deutschen Worte bis zum Ekel ausgequetscht, abgedroschen, verdreht, wie es nur Dilettanten vermögen, die die höchsten Werte einer Nation vor die Säue werfen. Was ihnen Freiheit und Ehre gilt, haben sie in zehn Jahren der Zerstörung aller materiellen und geistigen Freiheit, aller sittlichen Substanzen im deutschen Volk genugsam gezeigt. Auch dem dümmsten Deutschen hat das furchtbare Blutbad die Augen geöffnet, das sie im Namen von Freiheit und Ehre der deutschen Nation in ganz Europa angerichtet haben und täglich neu anrichten. Der deutsche Name bleibt für immer geschändet, wenn nicht die deutsche Jugend endlich aufsteht, rächt und sühnt zugleich, ihre Peiniger zerschmettert und ein neues geistiges Europa aufrichtet. Studentinnen! Studenten! Auf uns sieht das deutsche Volk! Von uns erwartet es, wie 1813 die Brechung des Napoleonischen, so 1943 die Brechung des nationalsozialistischen Terrors aus der Macht des Geistes. Beresina und

Stalingrad flammen im Osten auf, die Toten von Stalingrad beschwören uns!
›Frisch auf mein Volk, die Flammenzeichen rauchen!‹ Unser Volk steht im Aufbruch gegen die Verknechtung Europas durch den Nationalsozialismus, im neuen gläubigen Durchbruch von Freiheit und Ehre.

Als das Flugblatt fertig war, übernahmen es Hans und Sophie Scholl, es eigenhändig in der Universität München zu verteilen.

Leben im Gefängnis

»Ich würde alles genau noch einmal so machen.«

»Sie sind verhaftet«
Der 18. Februar 1943

Der 18. Februar 1943 war ein Donnerstag. Die Sonne schien schon frühmorgens und kündigte einen milden Vorfrühlingstag an. Sophie und Hans Scholl waren zur üblichen Zeit aufgestanden. Sie frühstückten gemeinsam und gingen gegen zehn Uhr zur Universität. Traute Lafrenz und Willi Graf waren gerade auf dem Weg vom Vorlesungssaal zur Nervenklinik, als ihnen die Geschwister Scholl mit einem Handkoffer entgegenkamen. Sie hatten die Vorlesung früher verlassen, um noch rechtzeitig an einem Seminar in der Klinik teilnehmen zu können. Die vier wechselten ein paar Worte und verabredeten sich für den Nachmittag. Die Geschwister Scholl hatten es ebenfalls eilig. Sie liefen zu den Hörsälen, in denen zu diesem Zeitpunkt die Vorlesungen noch andauerten, und verteilten auf den menschenleeren Treppen, Fensterbänken und Mauervorsprüngen die mitgebrachten Flugblätter bis auf einen kleinen Rest. Sie hasteten zum Ausgang, und als sie schon wieder draußen waren, kam ihnen der Gedanke, sie müßten den Koffer ganz leeren und auch die restlichen Flugblätter verteilen. Also stürmten sie wieder die Treppen hinauf und warfen den Rest der Flugblätter in den Lichthof der Universität.

Kurz darauf öffneten sich die Hörsäle. Sophie und Hans Scholl rasten die Treppen hinunter. Ihnen entgegen kam der Hausdiener, der ›Pedell‹ Jakob Schmid, ein ehemaliger Maschinenmeister. In großer Erregung packte er die beiden am Arm und schrie mehrmals: »Sie sind verhaftet.« Die beiden waren plötzlich ganz ruhig und ließen alles weitere mit sich geschehen. Der Hausdiener führte sie zum Hausverwalter, dieser zum Rektor, dem SS-Oberführer Professor Dr. Walter Wüst. Die Gestapo wurde alarmiert. Innerhalb kurzer Zeit hatten die Beamten die Situation »unter Kontrolle« – wie, das hat eine Augenzeugin, die Studentin Christa Meyer-Heidkamp, beobachtet, die Hans Scholl aus den Vorlesungen von Professor Huber kannte. Sie berichtete:

》 Alle Ausgänge (der Universität) waren gesperrt. Die Studenten erhielten Anweisung, sich im Lichthof zu versammeln. Jeder, der ein Flugblatt an sich genommen hatte, mußte es an den eigens dazu beauftragten Sammler abgeben. So standen wir zwei Stunden und warteten, bis schließlich Hans Scholl und seine Schwester mit gefesselten Händen an uns vorbeigeführt wurden. Er hat uns noch einmal angesehen, aber kein Muskel seines Gesichts zeigte ein Erkennen. Er wußte wohl, wie er jeden ihm bekannten Kommilitonen in den Augen der Gestapo-Beamten verdächtig machen würde. 《

Noch im Lichthof mußten die Geschwister erste Fragen der Gestapo beantworten. In ruhigem Ton erklärten beide, sie hätten mit den Flugblättern nichts zu tun. Sie seien zufällig vorbeigekommen und vom Hausdiener zu Unrecht festgehalten worden. Die Gestapo legte nach dem Kurzverhör die eingesammelten Flugblätter probeweise in den Handkoffer, um zu sehen, ob sie überhaupt hineinpaßten. Sie paßten.
Dann wurden die Geschwister zum Wittelsbacher Palais, der Gestapo-Zentrale, gebracht. Dort setzten die Beamten die Befragung fort. Einer von ihnen, Robert Mohr, ein ehemaliger Polizist, der das Verhör in einer halbwegs sachlichen Atmosphäre leitete, bekam allmählich Zweifel, ob er tatsächlich zwei Mitglieder der Widerstandsgruppe vor sich hatte. Zäh und überzeugend blieben die Geschwister Scholl bei ihrer Version, die Sache mit den Flugblättern ginge sie nichts an. Doch dann wurde das Ergebnis der Durchsuchung ihrer Zimmer an der Franz-Joseph-Straße 13 bekannt. Dort fand die Gestapo mehrere hundert neue Acht-Pfennig-Briefmarken – ein gefährliches Indiz, welches die beiden Verhafteten stark belastete.
Christoph Probst fiel der Gestapo am nächsten Tag, am Freitag, dem 19. Februar 1943, in die Hände. In der Schreibstube der Studentenkompanie in Innsbruck sollte er wie an jedem Freitag seinen Sold erhalten. Statt des Solds lag ein Befehl vor, sofort zum Kompaniechef zu kommen. Dort standen die Gestapo-Schergen schon bereit, um ihn festzunehmen und in Fesseln abzuführen. Alexander Schmorell konnte fliehen. Er kehrte jedoch auf Irrwegen nach München zurück, wo er am 24. Februar verhaftet wurde.

Jakob Schmid, der Pedell, wurde nach dem Krieg von den Amerikanern zu fünf Jahren Arbeitslager verurteilt. Nach seiner Festnahme schrieb er ein Entlassungsgesuch, das seinen Akten beigefügt wurde:

» Bitte des Maschinenmeisters Jakob Schmid um Freilassung. Ich wurde am 11. Mai 1945 von den Amerikanern festgenommen und in das Gefängnis Neudeck eingeliefert. Ich stehe jetzt im 60sten Lebensjahr, habe nie etwas mit Gerichten zu tun gehabt, wollte das auch im Fall der Geschwister Scholl keineswegs. Heute kann ich deshalb nicht begreifen, warum gerade ich festgehalten werde, während sich meine damaligen Vorgesetzten, auf die ich hören mußte, auf freiem Fuß, ja, zum Teil noch im Amt befinden. «

Gewissensbisse hat Jakob Schmid nie gehabt, auch später nicht. Er war überzeugt, seine Pflicht getan und für Ordnung gesorgt zu haben. Vor Gericht hat er ausgesagt, er hätte die Studenten auch dann festgenommen, wenn sie nur Butterbrotpapier geworfen hätten.

Das Code-Wort kam zu spät oder Sie kannten die Gefahr

Schon vor der Verhaftung am 18. Februar 1943 schwebten die Geschwister Scholl in Gefahr, und diese Gefahr war ihnen offenbar auch bewußt. Der Buchhändler Josef Soehngen hat Hans Scholl am 16. Februar zum letzten Mal gesehen. Sie sprachen über das Flugblatt und über die Absicht von Hans Scholl, es eigenhändig in den nächsten Tagen an der Universität in Umlauf zu bringen. Soehngen riet dringend davon ab, da Scholl als Verteiler anonym bleiben müsse. Der Buchhändler:

» Hans Scholl antwortete mir darauf, er sei darüber orientiert, daß die Gestapo ihn strengstens verfolge und, da ihn sein Gewährsmann dahin unterrichtete, seine Verhaftung in diesen Tagen erfolgen dürfte. Dann müsse er noch einmal aktiv sein, ehe er ›unschädlich‹ gemacht würde. «

Der Maler Wilhelm Geyer aus Ulm, der im Atelier Eickemeyer gelegentlich arbeitete, hat die Geschwister Scholl am Abend des 16. Februar getroffen. Auch auf ihn machten die beiden einen veränderten Eindruck. Hans Scholl habe mehrfach von der Zeit »danach« gesprochen. Und Sophie Scholl habe wörtlich gesagt: »Es fallen so viele Menschen für dieses Regime, es wird Zeit, daß jemand dagegen fällt.«

Danach haben die Geschwister Scholl Warnungen aus dem Kreis der Gestapo erhalten, das heißt: Sie kannten die Gefahr, in der sie schwebten. Ihr gefaßtes Verhalten nach dem plötzlichen Zusammentreffen mit dem Pedell spricht ebenfalls dafür. Eine letzte Warnung sollte sie noch am Vormittag des 18. Februar erreichen. Inge Aicher-Scholl erinnert sich im Gespräch:

» In der ersten Februar-Hälfte des Jahres 1943 haben wir, Otl Aicher und ich, uns einige Tage in München aufgehalten. Wir wollten Hans und Sophie treffen, aber das hat nicht geklappt. Ich mußte nach Ulm zu meinen Eltern zurückkehren, Otl blieb noch einige Tage als Gast von Professor Muth in dessen Haus in München-Solln. In Ulm traf mich Hans Hirzel in unserer Wohnung und bat mich, unverzüglich Verbindung mit Hans aufzunehmen und ihm zu bestellen, das Buch

›Machtstaat und Utopie‹ sei vergriffen. Ich erinnere mich nicht mehr ganz genau, ob ich als erstes in die Wohnung von Wilhelm Geyer eilte, um ihn um diesen Vermittlungsdienst zu bitten. Jedenfalls klappte es nicht, und wir haben Otl Aicher telefonisch gebeten, Hans sofort aufzusuchen.

Otl Aicher berichtet darüber:

» Mitte Januar besuchte mich Sophie Scholl für einige Tage im Lazarett in Bad Hall bei Linz. Ich war dort als Soldat wegen einer in Rußland ausgebrochenen Gelbsucht. Wann immer wir über Politik sprachen, nie erhielt ich eine Andeutung darüber, daß Sophie und Hans die Urheber jener Aktionen waren, die uns so stark beschäftigten.
Ich versprach Sophie, für einige Tage nach München zu kommen, sobald ich aus dem Lazarett entlassen sei. Mitte Februar kam ich nach München, wohnte im Hause von Professor Muth und erhielt, noch ehe ich mit Hans und Sophie Kontakt aufnehmen konnte, einen Anruf aus Ulm, ich solle Hans darüber verständigen, das Buch ›Machtstaat und Utopie‹ sei vergriffen. Ich rief Hans an, sagte ihm, daß ich ihm eine wichtige Mitteilung machen müsse. Wir verabredeten uns für den nächsten Tag auf 11 Uhr in seiner Wohnung Franz-Joseph-Straße 13.
Um 11 Uhr fand ich die Wohnung verschlossen. Nach einer halben Stunde kam ich wieder. Mich empfing die Gestapo. Ich wurde untersucht, war dann etwa eine Stunde Zeuge, wie die Gestapo die Wohnung durchsuchte. Was als interessant empfunden wurde, brachte man mit mir zusammen ins Auto. Wir fuhren ins Wittelsbacher Palais. Nichts konnte ich entdecken, was mich auf den Gedanken gebracht hätte, Hans und Sophie hätten Flugblätter herstellen können. Weder Farben noch Hektographierapparat waren unter den mitgenommenen Objekten. Da ich Soldat war, bestand ich auf Überführung in die Gerichtsbarkeit des Militärs, wurde tatsächlich einen Tag später entlassen und erfuhr dann zum erstenmal bei Professor Muth von den Aktio-

nen in der Universität. Während meines Verhörs bei der Gestapo sah ich kurz noch einmal Hans. Er machte auf mich einen so bestimmten und festen Eindruck, daß ich auch bei dieser Gelegenheit nicht zu der Vermutung kam, Hans sei in Aktionen gegen das Regime verwickelt. «

In dieser Nacht bleibt das Licht brennen

Vier Tage dauerten die Verhöre im berüchtigten Wittelsbacher Palais. Als alles Leugnen nichts mehr ausrichtete, übernahmen Sophie und Hans Scholl für die Flugblätter und andere Aktionen die volle Verantwortung. Sie wollten dadurch ihre Freunde entlasten. Ihr Mut und die Festigkeit ihrer Überzeugungen ging selbst an den Gestapo-Beamten nicht spurlos vorüber. Einer von ihnen, Robert Mohr, hat nach dem Krieg über die Vernehmung berichtet:

» Sophie und Hans Scholl bewahrten beide bis zum bitteren Ende eine Haltung, die als einmalig bezeichnet werden muß. Übereinstimmend erklärten sie dem Sinne nach, sie hätten durch ihr Vorgehen nur das eine Ziel im Auge gehabt, ein noch größeres Unglück für Deutschland zu verhindern und in ihrem Teil vielleicht dazu beizutragen, Hunderttausenden von deutschen Soldaten und Menschen das Leben zu retten, denn wenn das Glück oder Unglück eines großen Volkes auf dem Spiel stehe, sei kein Mittel oder Opfer zu groß, um es nicht freudig darzubringen. Sophie und Hans Scholl waren bis zuletzt davon überzeugt, daß ihr Opfer nicht umsonst sei. «

Es gibt noch ein anderes Zeugnis aus jenen vier Tagen zwischen dem 18. und 22. Februar 1943, ein Zeugnis, das vom Mitleiden und Miterleben geprägt und daher dichter und persönlicher gehalten ist. Eine Mitgefangene von Sophie Scholl, Else Gebel, die mit ihr die Zelle teilte, hat es gleich nach dem Krieg aufgeschrieben und dem Text die Überschrift gegeben: ›Dem Andenken an Sophie Scholl‹.*

» Vor mir liegt Dein Bild, Sophie, ernst, fragend, zusammen mit Deinem Bruder und Christoph Probst aufgenommen. Als ob Du ahnen würdest, welch schweres Schicksal Du erfüllen mußt, das Euch drei im Tode vereint.
Februar 1943. Als politische Gefangene werde ich in der Gefängnisverwaltung der Gestapo-Leitstelle Mün-

---

*Wir geben den Text auszugsweise wieder.

chen in der Aufnahmestelle beschäftigt. Meine Tätigkeit besteht darin, andere Unglückliche, die in die Hände der Gestapo gefallen sind, zu registrieren und sie in die immer größer werdende Kartei einzureihen. Tagelang herrschte schon fiebernde Aufregung unter den Gestapobeamten. Immer mehr häufen sich die nächtlichen Beschreibungen der Straßen und Häuser mit ›Nieder mit Hitler‹, ›Es lebe die Freiheit‹ und nur ›Freiheit‹.
In der Universität werden in kurzen Abständen Flugblätter gefunden, die verstreut in den Gängen und auf den Treppen liegen. Alle rufen die Studenten zum Widerstand auf. In der Gefängnisverwaltung fühlt man die Spannung, die in der Luft liegt, sehr deutlich. Kein Sachbearbeiter kommt vom Hauptgebäude, die meisten sind zur ›Sonder-Such-Aktion‹ eingesetzt...
Am Donnerstag, dem 18. Februar, früh, wird vom Hauptgebäude telefonisch durchgegeben: ›Einige Zellen für heute freihalten!‹ Ich frage den Beamten, dem ich unterstellt bin, wer wohl kommen wird, und erhalte zur Antwort: ›Die Maler‹. Ein paar Stunden später und Du stehst, von einem Beamten begleitet, im Aufnahmeraum. Ruhig, gelassen, fast heiter über all die Aufregung rings um Dich her. Dein Bruder Hans war kurz vorher aufgenommen und bereits in einer Zelle verwahrt worden. Jeder Neueingelieferte muß sich seiner Papiere und Habseligkeiten entledigen und wird dann einer Leibesvisitation unterzogen. In der Gestapo sind keine weiblichen Gefängnisbeamtinnen, und so soll ich das Amt übernehmen. Wir stehen uns das erste Mal allein gegenüber, und ich kann Dir zuflüstern: ›Wenn Sie irgendein Flugblatt bei sich haben, vernichten Sie es jetzt, ich bin selbst Häftling.‹
Glaubst Du mir, oder meinst Du, die Gestapo stellt Dir eine Falle? Deinem ruhigen, freundlichen Wesen kann man nichts anmerken. Du bist nicht im geringsten aufgeregt. Ich fühle den Druck von mir weichen; hier hat man sich gründlich getäuscht. Niemals hat sich dieses liebe Mädel mit dem offenen Kindergesicht bei solch waghalsigen Unternehmungen beteiligt. Du kommst sogar in eine Ehrenzelle, die meist nur ›entgleiste‹ Nazi-Größen beherbergt. Die ›Ehre‹ besteht darin, daß ein größeres Fenster, ein kleiner Spind drin ist und die Decken weiß

überzogen sind. Ich muß unterdessen meine Habe aus meiner bisherigen Zelle unter Aufsicht holen und werde zu Dir reinverlegt. Wieder sind wir kurze Zeit allein. Du hast Dich auf das Bett gelegt und fragst, wie lange ich schon in Haft sei und wie ich es hier hätte. Gleich erzählst Du mir, daß Du wohl ein schwerer Fall seiest und mit nichts Gutem zu rechnen hättest. Ich rate Dir noch, ja nichts einzugestehen, wovon sie keine Beweise hätten. ›Ja, das habe ich bis jetzt auf der Uni und bei der kurzen Vernehmung in der Gestapo getan‹, gibst Du mir zurück, ›aber es ist da noch so manches, was sie finden können.‹ Schritte nähern sich der Zellentür, Du wirst zur Vernehmung geholt, ich zur Arbeit.

Indessen ist es wohl drei Uhr geworden. Es werden noch verschiedene Studenten und Studentinnen eingeliefert, manche nach kurzem Verhör wieder entlassen. Dein Bruder Hans ist schon beim Verhör. Was werden die ›oben‹ indessen an Belastendem entdeckt haben? Es wird 6 Uhr, das Abendessen wird verteilt, da werdet ihr, getrennt voneinander, ins Gefängnis runtergebracht. Ein Hausbursche, auch Häftling, bringt Dir die heiße Suppe und Brot; da kommt ein Telefonanruf: ›Die beiden Scholls dürfen nichts zu essen bekommen, sie werden in einer halben Stunde weiterverhört.‹ Hier unten denkt aber niemand daran, Euch das Essen zu entziehen, und so seid Ihr beide doch etwas gestärkt für das kommende Verhör. Es ist 8 Uhr und ich bin mit meiner letzten Arbeit, der ›Gefängnis-Beleg-Liste‹, fertig. Wieder ein paar Unglückliche mehr in diesem Leidenshaus. Um 10 Uhr lege ich mich zu Bett und warte auf Dein Kommen. Schlaflos liege ich da und starre mit Angst im Herzen in die sternklare Nacht hinaus. Ich versuche zu beten für Dich, um ruhiger zu werden. Die Beamten flüsterten am Abend so geheimnisvoll miteinander. Selten bedeutet das etwas Gutes, und nun verrinnt eine Stunde nach der anderen, und Du kommst nicht zurück. Übermüdet schlafe ich gegen Morgen ein. Um 1/2 7 Uhr wird der Kaffee von einem Hausburschen hereingereicht. Dabei erfahre ich, wenn sich etwas Neues ereignet hat. Meine kleine Hoffnung, Du wärst in der Nacht vielleicht entlassen worden, wird schnell zunichte. Ihr wäret beide die ganze Nacht verhört worden, gegen Morgen hättet Ihr unter dem Druck des Belastungsmaterials, nach vorher stundenlangem Leugnen, gestanden. Vollkommen niedergeschlagen nehme ich meine trostlose Tätigkeit wieder auf. Mir ist bange, in welcher Verfassung Du herunterkommen wirst, und ich traue meinen Augen nicht, als Du gegen 8 Uhr, wohl etwas angegriffen, aber so vollkommen ruhig dastehst. Du bekommst, noch bei mir im Aufnahmeraum stehend, Dein Frühstück und erzählst dabei, daß Du heute Nacht sogar Bohnenkaffee beim Verhör bekommen hast. Du wirst dann in die Zelle zurückgebracht, und ich gehe unter dem Vorwand, etwas vergessen zu haben, mit. Bis der Beamte mich wieder holt, habe ich doch allerhand von Dir erfahren. Du hast lange versucht zu leugnen. Aber man hatte ja bei Hans in der Uni ein aufgesetztes Flugblatt gefunden. Hans hatte es wohl sofort zerrissen und gab an, es von einem Studenten, dessen Namen er nicht wisse, zu haben. Aber die Gestapospitzel hatten Eure Zimmer bereits genauestens durchsucht. Das zerrissene Flugblatt war säuberlich zusammengeklebt, und es stimmte die Handschrift mit der eines Freundes überein. Da wußtest Du, daß für Euch zwei nichts mehr zu retten war, und von diesem Moment an war deine Losung nur mehr: Alle Schuld auf uns nehmen, daß kein neuer Freund in Gefahr kommt. Für ein paar Stunden läßt man Dich in Ruhe, und Du schläfst fest und tief. Ich fange an, Dich zu bewundern. All diese stundenlangen Verhöre ändern nichts an Deiner ruhigen, gelassenen Art. Dein unerschütterlicher, tiefer Glaube gibt Dir die Kraft, Dich für andere zu opfern.

Freitag abend: Du mußtest den ganzen Nachmittag so viel Fragen und Antworten über Dich ergehen lassen, bist aber keineswegs abgespannt. Du erzählst mir von der baldigen Invasion, die ja unbedingt in spätestens 8 Wochen eintreten wird. Dann wird es Schlag auf Schlag gehen, und wir werden endlich von dieser Tyrannei befreit sein. Wie gerne will ich es glauben, nur, daß Du nicht mehr dabei sein sollst? Du bezweifelst es. Als ich Dir sage, wie lange schon mein Bruder ohne Verhandlung in Haft ist, über ein Jahr, hoffst auch Du. Und bei Euch dauert es bestimmt auch lange. Zeit gewonnen, alles gewonnen. Heute erzählst Du mir, wie oft Du schon die Flugblätter in der Uni verstreut hättest, und trotz dem Ernst der Lage müssen wir beide lachen, als Du erzählst, Du seist kürzlich auf dem Rückweg von Deiner ›Streutour‹ auf eine Putzfrau zugegangen, welche die Flugblätter von der Treppe einsammeln wollte und sagtest zu ihr: ›Wozu heben Sie die Blätter auf? Lassen Sie die ruhig liegen, die sollen doch die Studenten lesen.‹ Dann wieder: Wie sehr Ihr Euch stets bewußt wart, wenn uns je die Häscher der Gestapo erwischen, müssen wir mit dem Leben bezahlen. Wie gut kann ich verstehen, daß Euch oft geradezu eine übermütige Stimmung erfaßte, wenn wieder eine Nachtarbeit, ob es Straßen-Transparente oder ein Schub Briefe der WEISSEN ROSE waren, die wieder in den verschiedenen Briefkästen des Versandes harrten, getan war. Wenn Ihr gerade im Besitz einer Flasche Wein gewesen seid, so wurde sie ob des guten Gelingens geleert. Auch Eure gemeinsame letzte Tat schilderst Du mir. Du hättest mit Hans bereits den Großteil der Flugblätter in der Uni verstreut und Ihr standet mit Eurem Koffer schon wieder in der Ludwigstraße, da fandet Ihr beide, man müßte doch eigentlich mit leerem Koffer heimkommen. Kurz entschlossen macht Ihr kehrt, zurück in die Uni bis oben rauf, und werft mit Schwung den Rest in den Lichthof. Das verursacht natürlich Lärm, und die Gestapobeamten lassen sofort sämtliche Türen schließen. Jeder muß sich genau ausweisen. Vollkommen leer sind mit einem Male die Gänge. Als Ihr die Treppe runtergeht, kommt Euch schon der Pedell Schmid entgegen, um Euch der Gestapo zu übergeben. Spät hören wir an diesem Abend auf zu erzählen. Ich kann keinen Schlaf finden, Du aber atmest tief und gleichmäßig. Der Samstagvormittag bringt Dir wiederum stundenlange Verhöre, und als ich mittags reinkomme, um Dir froh zu verkünden, daß du jetzt bestimmt bis Montag früh in Ruhe gelassen wirst, bist Du darüber gar nicht erfreut. Du findest die Vernehmungen anregend, interessant. Wenigstens hast Du das Glück, einen der wenigen sympathischen Sachbearbeiter zu haben. Er (Mohr ist sein Name) hat Dir an diesem Vormittag einen längeren Vortrag gehalten über den Sinn des Nationalsozialismus, Führer-Prinzip, deutsche Ehre, und wie sehr Ihr doch mit Eurem Tun die deutsche Wehrkraft zersetzt hättet. Er will Dir vielleicht noch eine Chance bieten, als er Dich fragt: ›Fräulein Scholl, wenn Sie das alles bedacht hätten, so hätten Sie sich doch nie zu derartigen Handlungen hinreißen lassen?‹ Und was ist Deine Antwort, tapferes, wahrheitsliebendes Mädel? ›Sie täuschen sich, ich würde alles genau noch einmal so machen, denn nicht ich, sondern Sie haben die falsche Weltanschauung.‹

Betreut werden wir an diesem Samstag und Sonntag von zur Arbeit eingesetzten Häftlingen. Ich habe die Möglichkeit, Tee und Kaffee zu brauen, und jeder gibt sein Scherflein dazu. Wir haben in unserer kleinen Zelle auf einmal die seltensten Reichtümer: Zigaretten, Keks, Wurst und Butter. Wir können auch Deinem Bruder, um den Du Dich sehr bangst, davon hinaufschicken. Auch Willi Graf wird eine Zigarette mit der Aufschrift »Freiheit« geschickt. Der Sonntagmorgen bringt Dir noch einen großen Schrecken. Beim Morgenkaffee wird mir zugeflüstert: ›Heute Nacht ist noch ein Hauptbeteiligter gekommen.‹ Ich erzähle es Dir, und Du denkst an keinen anderen als an Alexander Schmorell. Als ich um 10 Uhr zu evtl. Eintragungen geholt werde, ist der nächtliche Neuzugang schon registriert, die Karteikarte schon eingereiht. Ich suche sie mir heraus und lese: Christoph Probst, Hochverrat. Zwei Stunden bin ich glücklich, Dir sagen zu können, daß es nicht Alex ist, den die Häscher gefangen haben, aber Dein Gesicht zeigt Entsetzen, als ich Dir Christls Namen nenne. Zum erstenmal sehe ich Dich fassungslos. Christl, der gute, treue Freund, Vater von drei kleinen Kindern, den man gerade wegen seiner Familie nicht mit einbezogen hatte, ist dieses ersten Flugblattes wegen nun auch mit in den Strudel gerissen worden. Aber Du beruhigst Dich wieder: Man kann Christl höchstens eine Freiheitsstrafe zudiktieren, und die ist ja bald überstanden. Mittags kommt Dein Sachbearbeiter, bringt auch Obst, Keks und ein paar Zigaretten mit und erkundigt sich bei mir, wie es Dir ginge. Es ist wohl Mitleid, denn er weiß ja am besten, was für schwarze Wolken sich über Euch zusammengezogen haben. Wir sitzen am Nachmittag zusammen in unserer Zelle, da wirst Du (es ist wohl drei Uhr) geholt, um Deine Anklageschrift in Empfang zu nehmen. Mir erzählt man, daß Ihr drei

morgen schon Verhandlung habt. Der gefürchtete Volksgerichtshof tagt hier, und Freisler und seine brutalen Helfershelfer werden den Stab über Euch brechen.
Liebe, liebe Sophie, Dein Schicksal ist bereits entschieden. Du kommst nach wenigen Minuten zurück, blaß, sehr erregt. Deine Hand zittert, wie Du die umfangreiche Anklageschrift zu lesen beginnst. Aber je weiter Du liest, um so ruhiger werden Deine Züge, und bis Du zu Ende bist, hat sich Deine Erregung gänzlich gelegt. ›Gott sei Dank‹, ist alles, was Du sagst. Dann fragst Du mich, ob ich den Schriftsatz lesen darf, ohne Unannehmlichkeiten zu bekommen. Selbst in dieser Stunde möchtest Du nicht, daß Deinetwegen jemand in Gefahr kommt. Du lieber, reiner Mensch, wie habe ich Dich in den paar Tagen lieb gewonnen!
Draußen ist es sonniger Februartag. Menschen gehen froh und heiter an diesen Mauern vorüber, nicht ahnend, daß hier wieder drei mutige, wahrhafte Deutsche dem Tod überantwortet werden sollen. Wir haben uns auf unsere Betten gelegt, und Du stellst mit leiser, ruhiger Stimme Betrachtungen an. ›So ein herrlicher, sonniger Tag, und ich muß gehen. Aber wie viele müssen heutzutage auf den Schlachtfeldern sterben, wie viele junge, hoffnungsvolle Männer... was liegt an meinem Tod, wenn durch unser Handeln Tausende von Menschen aufgerüttelt und geweckt werden. Unter der Studentenschaft gibt es bestimmt eine Revolte.‹ O Sophie, Du weißt noch nicht, wie feig die Herde Mensch ist! ›Ich könnte doch auch an einer Krankheit sterben, aber hätte das den gleichen Sinn?‹ Ich versuche, Dir wieder einzureden, daß es doch leicht möglich sein könnte, daß Du mit einer längeren Freiheitsstrafe durchkommst. Aber davon willst Du, getreue Schwester, nichts wissen. ›Wenn mein Bruder zum Tode verurteilt wird, so will und darf ich keine mildere Strafe bekommen. Ich bin genauso schuldig wie er.‹ Das gleiche erzählst Du dem Pflichtverteidiger, den man pro forma herzitiert hat. Ob Du irgendeinen Wunsch hast? Als wenn man von solch einer Marionettenfigur einen Wunsch erfüllt bekäme! Nein, Du willst nur von ihm bestätigt haben, daß Dein Bruder das Recht auf den Tod durch Erschießen hat. Schließlich ist er doch Frontkämpfer gewe-

sen. Er kann Dir darauf keine präzise Antwort geben. Über Deine weiteren Fragen, ob Du selbst wohl öffentlich aufgehängt wirst oder durch das Fallbeil sterben sollst, ist er geradezu entsetzt. Derartiges in so ruhiger Art gefragt, noch dazu von einem jungen Mädchen, hat er wohl nicht erwartet. Wo sonst starke, kriegsgewohnte Männer zittern, bleibst Du ruhig und gefaßt. Aber er gibt Dir natürlich ausweichend Antwort.

Mohr kommt noch einmal vorbei, Dir zu raten, möglichst heute noch Briefe an Deine Lieben zu schreiben, da Du in Stadelheim sicher nur kurze Briefe schreiben dürftest. Meint er es gut mit Dir, oder hofft man, durch den Inhalt der Briefe neues Material zu finden? Die Deinen haben jedenfalls nie eine Zeile dieser Briefe zu lesen bekommen. Nach 10 Uhr legen wir uns nieder. Du erzählst noch von Eltern und Geschwistern. Der Gedanke an Deine Mutter bedrückt Dich sehr. Gleich zwei Kinder auf einmal zu verlieren und der andere Bruder irgendwo in Rußland! ›Der Vater versteht unser Tun da besser.‹ Heute bleibt die ganze Nacht das Licht brennen, und jede halbe Stunde muß ein Beamter nachsehen, ob noch alles in Ordnung ist. Was haben diese Menschen für eine Ahnung von Deiner tiefen Frömmigkeit, Deinem Gottvertrauen! Endlos dehnt sich für mich die Nacht, während Du wie immer fest und tief schläfst.

Kurz vor sieben Uhr muß ich Dich für diesen schweren Tag wecken. Du bist sofort munter und erzählst mir, noch im Bett sitzend, Deinen gehabten Traum: Du trugst an einem schönen Sonnentag ein Kind in einem langen, weißen Kleid zur Taufe. Der Weg zur Kirche führte einen steilen Berg hinauf. Aber fest und sicher trugst Du das Kind. Gänzlich unerwartet tat sich auf einmal eine Gletscherspalte auf. Du hattest gerade noch Zeit, das Kind auf die gesicherte Seite zu legen, da stürztest Du in die Tiefe. Du legtest Dir den Traum so aus: Das Kind in weißem Kleid ist unsere Idee, sie wird sich trotz aller Hindernisse durchsetzen. Wir durften Wegbereiter sein, müssen aber vorher sterben, für sie.

Ich werde bald zur Arbeit geholt werden. Wie sehr ich für Dich hoffe, wie meine Gedanken dauernd bei Dir sein werden, fühlst Du wohl. Ich verspreche Dir, in ruhigeren

Zeiten Deinen Eltern von unserem Zusammensein zu erzählen. Dann ein letzter Händedruck, ›Gott sei mit Ihnen, Sophie‹, und ich werde geholt.

Kurz nach 9 Uhr wirst Du, von zwei Beamten begleitet, in einem Privatwagen zum Justizpalast gebracht. Im Vorbeigehen trifft mich ein letzter Blick. Gesondert von Dir wird Dein Bruder Hans und Christoph Probst, jeder gefesselt, fortgebracht... **«**

Der Blutrichter Freisler
oder »Diese Märtyrer ließen sich nicht kleinkriegen«

Die Eltern der Geschwister Scholl erfuhren am Freitag, dem 19. Februar 1943, von der Verhaftung ihrer Kinder, zunächst durch Traute Lafrenz, dann durch Otl Aicher, der von der Gestapo wieder entlassen und nach Ulm zurückgekehrt war. Dann hatte Jürgen Wittenstein angerufen, vermutlich am Sonntag, dem 21. Februar. Was er außer der Verhaftung mitzuteilen hatte, klang bestürzend. Schon für Montag sei in München ein Verfahren vor dem Volksgerichtshof angesetzt.
Ein banges Wochenende verging. Am Montagmorgen machten sich die Eltern auf den Weg nach München, begleitet von ihrem jüngsten Sohn Werner, der zwei Tage vorher aus Rußland auf Urlaub gekommen war. Am Bahnsteig erwartete sie Jürgen Wittenstein. Er berichtete, die Verhandlung habe bereits begonnen. Man müsse sich auf das Schlimmste gefaßt machen. Eilig begaben sie sich zum Justizpalast. Der Volksgerichtshof tagte im Raum 216 unter dem Vorsitz des berüchtigten Präsidenten Roland Freisler. Freisler war eigens für dieses Verfahren mit einer Sondermaschine aus Berlin nach München geflogen. Die Verhandlung begann um 9.00 Uhr und ging um 14.00 Uhr zu Ende. Zugang hatten nur Personen mit Ausweisen, überwiegend Parteigrößen, die die Einladung als Auszeichnung verstanden. Die Eltern der Geschwister Scholl besaßen keinen Passierschein, dennoch verschafften sie sich Einlaß.
Durch einen Zufall gab es noch einen Augenzeugen jenes »Justizverfahrens«, das der Präsident des Volksgerichtshofes, Freisler, inszenierte: den Rechtsanwalt Dr. Leo Samberger, der damals noch Gerichtsreferendar war. Im Februar 1968 hat er einen Bericht darüber niedergeschrieben. Darin heißt es:

» War es Zufall oder Fügung – die Verhandlung war längst, wohl um 9.00 Uhr, eröffnet –, als ich bei meinem Zigarettenhändler in der Nähe des Justizpalastes erfuhr, daß soeben einige Studenten wegen ihrer aufrührerischen Aktionen vor Gericht standen. Ich ging umgehend in den Schwurgerichtssaal – es war etwa 10.30 Uhr, der Prozeß war in vollem Gange. In der Nähe des Eingangs blieb ich stehen. Der Saal war dicht besetzt. Man sah überall angespannte Gesichter. Ich glaubte festzustellen, daß die meisten bleich waren vor

Angst. Vor jener Angst, die sich vom Richtertisch her ausbreitete. Mag sein, daß unter den Zuschauern auch erschütterte Parteigläubige waren und Spitzel, deren Blässe aus anderen Gefühlen stammen mochte. Dann erst konnte ich mich auf das Hauptgeschehen, den Prozeßablauf, konzentrieren. Nach einem Vierteljahrhundert sind aus der Unmenge der Eindrücke nur einzelne markante Bilder haften geblieben, die sich mir symbolhaft einprägten. Allen voran die tobende, schreiende, bis zum Stimmüberschlag brüllende, immer wieder explosiv aufspringende Figur des berüchtigten Präsidenten des Volksgerichtshofs Roland Freisler. Er hatte als guter Jurist gegolten, bis er sich als das entpuppte, was er war. Sein derbes Gesicht mit den vorquellenden Augen und den gespreizten Fleischohren stand im merkwürdigen Kontrast zu dem würdigen Barett auf seinem Kopf. Es ging ihm wohl bei der ganzen Verhandlungsführung darum, terroristischen Schrecken mit nachhaltiger Breitenwirkung zu erzeugen; um die Gefühle all derer zu unterdrücken, denen die mutige Tat der Angeklagten bewundernswert und großartig erschienen war.

Was mich persönlich besonders erschütterte, war, daß die Angeklagten, obwohl ich sie nicht persönlich kannte, mir wohlvertraute Gesichter waren aus den Münchner Konzertsälen, in denen gerade in jenen Jahren so viele Menschen bei der Musik Haydns, Mozarts und Beethovens Stärkung und Zuflucht suchten.
Die Haltung der Angeklagten machte wohl nicht nur mir einen tiefen Eindruck. Da standen Menschen, die ganz offensichtlich von ihren Idealen erfüllt waren. Ihre Antworten auf die teilweise unverschämten Fragen des Vorsitzenden, der sich in der ganzen Verhandlung nur als Ankläger aufspielte und nicht als Richter zeigte, waren ruhig, gefaßt, klar und tapfer.
Lediglich an körperlichen Reaktionen konnte man das Übermaß an Anspannung erkennen, dem sie standhalten mußten. Hans Scholl, der aufrecht stand, wurde plötzlich bis zur Ohnmacht blaß, ein Schütteln durchlief seinen Körper. Er warf seinen Kopf zurück und schloß die Augen. Aber er fiel nicht um, sondern gab seine nächste Antwort mit fester Stimme. Seine Schwester Sophie und sein Freund Christoph Probst, der für die Zuschauer etwas

verdeckt war, zeigten dieselbe standhafte Haltung.

Die empörende Gesamttendenz des Vorsitzenden Freisler war, die Angeklagten immer wieder als eine Mischung von Dümmlingen und Kriminellen hinzustellen, wenn ihm dies bei ihrer Erscheinung auch etwas schwerfallen mußte. Er sprach sogar irgendwann von Diebstahl, etwa als es um Papierbeschaffung ging. Es mußte eben jeder Verdacht zerstört werden, daß es sich um ehrenhafte Täter mit dem großen Ziel, das Volk zu Pflicht und Freiheit aufzurütteln, handeln könne. Aber diese Märtyrer ließen sich – in den letzten Stunden ihres Lebens – nicht kleinkriegen.

Nach dieser für die Justiz auf lange Zeit so beschämenden Vernehmung der Angeklagten, nach dieser heuchlerischen und beleidigenden Verhandlungsführung, klangen die Worte des Anklägers, eines Oberreichsanwaltes, der erwartungsgemäß den Tod der drei Revolutionäre forderte, sachlich und relativ milde.

Die folgenden knappen Worte der Pflichtverteidiger ließen kein echtes Bemühen erkennen, das möglichste für die von ihnen Vertretenen zu tun. Der Verteidiger Hans Scholls etwa beteuerte, daß man einfach nicht verstehe, wie Menschen derartiges machen könnten, dessen man sich schämen sollte.

Nach diesem Versagen der Verteidigung drängte sich ein Mann in mittleren Jahren erregt auf dem Gang durch die Zuschauerreihen nach vorne und versuchte zunächst durch Vermittlung des Pflichtverteidigers und, als dies mißlang, selbständig, sich zu Wort zu melden. Es war der Vater der Geschwister Scholl, der offensichtlich für Gestapo und Veranstalter unprogrammgemäß im Verhandlungssaal war und nun mit letzter Verzweiflung dem Gericht Gedanken nahezubringen versuchte, die zugunsten der Angeklagten, seiner Kinder, zu werten waren. Er machte einige weitere verzweifelte Ansätze, sich Gehör zu verschaffen. Als Freisler die für ihn störende Situation erkannte, verbot er den anwesenden Eltern – es zeigte sich, daß auch die Mutter dabei war – die weitere Anwesenheit und ließ sie hinausführen.

Es war wohl gegen 13.30 Uhr, als sich die Richter zur Beratung zurückzogen. In dieser Pause ließ sich jener widerliche Universitätspedell, der im feierlichen Anzug zu seiner

großen Schau als Zuschauer erschienen war, von seiner Umgebung als heimlicher Held bewundern und feiern.
Nach kurzer Beratung füllte sich der Saal wieder. Niemand wollte versäumen, dieses Sensationsurteil zu hören. Und so blieben schließlich vor dem Saal auf dem weiten Gang allein zwei Leute stehen, die des Saales verwiesenen Eltern der Geschwister Scholl. Meine Empörung und mein Mitgefühl hatten ihr volles Maß erreicht. Ich kehrte um, während die Türen geschlossen wurden, und ging auf die Eltern zu. Ich stellte mich vor als Gerichtsreferendar, sagte mit wenigen Worten, wie mich dieses Verfahren angeekelt hätte, und bot in dieser verzweifelten Lage den Eltern Scholl meine Hilfe an. Wobei es mir wohl klar war, daß es hier überwiegend nur noch um menschliche Hilfe gehen konnte. Während im Saal das Urteil verkündet wurde, sprachen wir über das Verfahren.
Alsbald ging die Türe auf. Die Zuschauer kamen heraus. Das erwartete Urteil wurde uns bestätigt. Die Eltern trugen es mit bewunderungswürdiger äußerer Fassung. Der Vater versuchte, seinem höchsten Entsetzen noch durch laute Worte Luft zu machen. Ich riet ihm dringend zur Ruhe, um die Katastrophe nicht noch zu vergrößern. Dann kam auch der Pflichtverteidiger des Hans Scholl auf die Eltern zu. Er sprach kein Wort des Bedauerns und zeigte keine Geste des Mitgefühls. Er brachte es fertig, den Eltern in dieser Situation auch noch Vorwürfe darüber zu machen, daß sie ihre Kinder so schlecht erzogen hätten.
Ich riet nun dem Vater Scholl auf seine Frage, was überhaupt noch zu tun bliebe, umgehend mit mir zum Generalstaatsanwalt zu gehen, um ein Gnadengesuch einzureichen. Wir kamen in das Vorzimmer, und eine Sekretärin nahm dieses Gesuch zu Protokoll. Mit Mühe konnte noch erreicht werden, daß der Vater Scholl den Generalstaatsanwalt selbst sprach. Trotz Weiterleitung der Bitte durch den Generalstaatsanwalt ließ sich der Oberreichsanwalt selbst, wie zu befürchten war, nicht sprechen.
Ich verabschiedete mich und gab dem Vater Scholl meine Telefonnummer und Adresse mit der Aufforderung, mich umgehend anzurufen, wenn er noch etwas bräuchte. 》

»Das wird Wellen schlagen«

Am Ende der fünfstündigen Verhandlung sprach Freisler das Urteil: Hinrichtung durch das Beil. Die Angeklagten erhielten noch die Möglichkeit zu einem Schlußwort. Sophie Scholl schwieg. Christl Probst bat um seiner Kinder willen um sein Leben. Hans Scholl wollte die Bitte des Freundes unterstützen, doch Freisler schnitt ihm das Wort ab: »Wenn Sie für sich selbst nichts vorzubringen haben, schweigen Sie gefälligst.« Dann wurden die drei in das Vollstreckungsgefängnis München-Stadelheim gebracht, das neben dem Friedhof am Rande des Perlacher Forstes liegt. Sie schrieben ihre Abschiedsbriefe. Wahrscheinlich durch einen Zufall gab es noch ein letztes Wiedersehen der Geschwister Scholl mit ihren Eltern. Inge Aicher-Scholl in DIE WEISSE ROSE:

» Inzwischen war es meinen Eltern wie durch ein Wunder gelungen, ihre Kinder noch einmal zu besuchen. Eine solche Erlaubnis war fast unmöglich zu erhalten. Zwischen 16 und 17 Uhr eilten sie zum Gefängnis. Sie wußten noch nicht, daß dies endgültig die letzte Stunde ihrer Kinder war.
Zuerst wurde ihnen Hans zugeführt. Er trug Sträflingskleider. Aber sein Gang war leicht und aufrecht, und nichts Äußeres konnte seinem Wesen Abbruch tun. Sein Gesicht war schmal und abgezehrt, wie nach einem schweren Kampf; nun leuchtete es und überstrahlte alles. Er neigte sich liebevoll über die trennende Schranke und gab jedem die Hand. ›Ich habe keinen Haß, ich habe alles, alles unter mir.‹ Mein Vater schloß ihn in die Arme und sagte: ›Ihr werdet in die Geschichte eingehen, es gibt noch eine Gerechtigkeit.‹ Darauf trug Hans Grüße an alle seine Freunde auf. Als er zum Schluß noch einen Namen nannte, sprang eine Träne über sein Gesicht, und er beugte sich über die Barriere, damit niemand sie sehe. Dann ging er, ohne die leiseste Angst, und von einem tiefen, herrlichen Enthusiasmus erfüllt.
Darauf wurde Sophie von einer Wachtmeisterin herbeigeführt. Sie trug ihre eigenen Kleider und ging langsam und gelassen und sehr aufrecht. (Nirgends lernt man so aufrecht gehen wie im Gefängnis.) Sie lächelte immer, als schaue sie in die Sonne. Bereitwillig und heiter nahm sie die Süßigkeiten, die Hans abge-

lehnt hatte: ›Ach ja, gerne, ich habe ja noch gar nicht Mittag gegessen.‹ Es war eine unbeschreibliche Lebensbejahung bis zum Schluß, bis zum letzten Augenblick. Auch sie war um einen Schein schmaler geworden, aber in ihrem Gesicht stand ein wunderbarer Triumph. Ihre Haut war blühend und frisch – das fiel der Mutter auf wie noch nie –, und ihre Lippen waren tiefrot und leuchtend. ›Nun wirst du also gar nie mehr zur Türe hereinkommen‹, sagte die Mutter. ›Ach, die paar Jährchen, Mutter‹, gab sie zur Antwort. Dann betonte auch sie, wie Hans, fest, überzeugt und triumphierend: ›Wir haben alles, alles auf uns genommen‹; und sie fügte hinzu: ›Das wird Wellen schlagen.‹ Das war in diesen Tagen ihr großer Kummer gewesen, ob die Mutter den Tod gleich zweier Kinder ertragen würde. Aber nun, da sie so tapfer und gut bei ihr stand, war Sophie wie erlöst. Noch einmal sagte die Mutter, um irgendeinen Halt anzudeuten: ›Gelt, Sophie: Jesus.‹ Ernst, fest und fast befehlend gab Sophie zurück: ›Ja, aber du auch.‹ Dann ging auch sie – frei, furchtlos, gelassen. **《**

»Sie ging, ohne mit der Wimper zu zucken«

Die Aufseher im Gefängnis – betroffen und zugleich bestürzt von der Stärke dieser drei jungen Menschen – ermöglichten den Verurteilten vor dem Sterben noch einen Moment des Zusammenseins. Sie berichteten:

> Sie haben sich so fabelhaft tapfer benommen. Das ganze Gefängnis war davon beeindruckt. Deshalb haben wir das Risiko auf uns genommen – wäre es rausgekommen, hätte es schwere Folgen für uns gehabt –, die drei noch einmal zusammenzuführen, einen Augenblick vor der Hinrichtung. Wir wollten, daß sie noch eine Zigarette miteinander rauchen konnten. Es waren nur ein paar Minuten, aber ich glaube, es hat viel für sie bedeutet. ›Ich wußte nicht, daß Sterben so leicht sein kann‹, sagte Christl Probst. Und dann: ›In wenigen Minuten sehen wir uns in der Ewigkeit wieder.‹
> Dann wurden sie abgeführt, zuerst das Mädchen. Sie ging, ohne mit der Wimper zu zucken. Wir konnten alle nicht begreifen, daß so etwas möglich ist. Der Scharfrichter sagte, so habe er noch niemanden sterben sehen.
> Und Hans, ehe er sein Haupt auf den Block legte, rief er laut, daß es durch das große Gefängnis hallte: ›Es lebe die Freiheit.‹

Am 23. Februar 1943 erschien in den ›Münchener Neuesten Nachrichten‹ die Todesmeldung:

> Todesurteile wegen Vorbereitung zum Hochverrat LPM. Der Volksgerichtshof verurteilte am 22. Februar 1943 im Schwurgerichtssaal des Justizpalastes den 24 Jahre alten Hans Scholl, die 21 Jahre alte Sophie Scholl, beide aus München, und den 23 Jahre alten Christoph Probst, aus Aldrans bei Innsbruck, wegen Vorbereitung zum Hochverrat und wegen Feindbegünstigung zum Tode und zum Verlust der bürgerlichen Ehrenrechte. Das Urteil wurde am gleichen Tage vollstreckt. Die Verurteilten hatten sich als charakteristische Einzelgänger durch Beschmieren von Häusern mit staatsfeindlichen Aufforderungen und durch Verbreitung hochverräterischer Flugschriften an der Wehrkraft und dem Widerstandsgeist des deutschen Volkes in schamloser Weise vergangen.

Angesichts des heroischen Kampfes des deutschen Volkes verdienen derartige verworfene Subjekte nichts anderes als den raschen und ehrlosen Tod. «

In den folgenden Monaten wurden in München und anderen süd- und westdeutschen Städten etwa 80 Menschen verhaftet und verurteilt. Professor Kurt Huber, Willi Graf und Alexander Schmorell wurden am 19. April 1943 zum Tode verurteilt, Traute Lafrenz, Karin Schüddekopf, Gisela Schertling und Susanne Hirzel erhielten je ein Jahr Gefängnis, Hans Hirzel eine Freiheitsstrafe von fünf Jahren, Eugen Grimminger lebenslange Haft. In einem dritten Prozeß am 13. Juli 1943 wurden Josef Soehngen, Wilhelm Geyer und Manfred Eickemeyer zu je drei Monaten Gefängnis verurteilt. Damit war die WEISSE ROSE endgültig zerschlagen. Der Hamburger Zweig der WEISSEN ROSE wurde ebenfalls aufgedeckt, etwa 50 Menschen verhaftet, acht fanden dabei den Tod.

Überleben, Weiterleben

»Man kann nicht ohne Hoffnung leben.« (Ilse Aichinger)

Die Nachricht aus dem Radio

Für den Gerichtsreferendar Leo Samberger kam am Abend jenes schrecklichen Tages, an dem die Geschwister Scholl zum Tode verurteilt und hingerichtet worden waren, noch ein entsetzlicher Moment: Als er den Eltern von Hans und Sophie Scholl gegenübersaß. Robert Scholl hatte telefonisch um das Treffen mit dem Gerichtsreferendar gebeten. Leo Samberger:

» Wir verabredeten und trafen uns etwa um 18.30 Uhr in der Gaststätte Humpelmayr. Außer den Eltern war noch der jüngere Bruder Scholl, der gerade auf Fronturlaub war, und eine dem Kreise nahestehende, mit Hans Scholl befreundete Studentin dabei, die dann im nächsten Verfahren selbst vor Gericht stand. Alsbald bat mich Vater Scholl, das noch ausstehende Gnadengesuch für den Mitverurteilten Christoph Probst zu schreiben. Dieses sollte gleich am nächsten Morgen der am Tegernsee im Wochenbett liegenden Frau des Christoph Probst zur Unterschrift gebracht werden, so daß es dann umgehend eingereicht werden konnte.
Als ich kaum dem Vater Scholl das Gnadengesuch ausgehändigt hatte, erfuhr ich von einem Bekannten, der zufällig an einem Nebentische saß, daß im Radio bekanntgegeben wurde, die Todesurteile seien schon um 17 Uhr vollstreckt worden. Ich brachte es an diesem Abend nicht fertig, der Familie dies noch zu sagen. Wir saßen anschließend einige Stunden zusammen und sprachen über das Schreckliche des Tages. Daneben versuchte ich zu beruhigen und abzulenken. Dann, etwa um 22 Uhr, brachten wir die Eltern zum Zug nach Ulm, und in den stillen Straßen des nächtlichen München stand ich noch kurz mit dem später auch in Rußland gefallenen Bruder Scholl; dann gingen wir auseinander. «

»Sie leben nicht mehr«

Die Eltern kehrten also nach Ulm zurück in dem Glauben, daß ihre Kinder nicht sofort hingerichtet würden und noch am Leben seien. Sie berichteten der Tochter Inge über den Ausgang des Prozesses und baten sie, schnell mit dem nächsten Zug nach München zu fahren. Vielleicht gäbe es noch eine Möglichkeit, Hans und Sophie zu sprechen. Inge Aicher-Scholl:

» Am nächsten Morgen bin ich mit dem ersten Zug nach München gefahren. Otl Aicher begleitete mich. Werner war in München geblieben. Unser erster Weg führte zum Generalstaatsanwalt, um eine Besuchserlaubnis zu bekommen. Ich erinnere mich noch. Es war ein strahlender Frühlingstag. Der Generalstaatsanwalt war nicht da. Seine Sekretärin empfing uns. Sie kam auf mich zu, nahm meine beiden Hände und sagte: ›Sie leben nicht mehr. Beide sind so unbeschreiblich tapfer gestorben. Jetzt müssen auch Sie tapfer sein.‹ Wir sind dann wieder gegangen und haben irgend etwas erledigt. Ich weiß nicht mehr was. Wir sind halt in München so herumgelaufen. Schließlich kamen wir zur Wohnung von Hans und Sophie. Ich ging in Sophies Zimmer. Auf ihrem Schreibtisch stand eine Pflanze, deren zartlila Blumenblätter sich wie schwebende Schmetterlinge ausnahmen. Sie hatte sie in einem Brief an Fritz Hartnagel erwähnt. Ich setzte mich an den Schreibtisch und fand dann das Tagebuch von Sophie, das die Gestapo bei der Durchsuchung übersehen hatte. Ich empfand das als ein Geschenk des Himmels. «

Am 24. Februar 1943 wurden Sophie und Hans Scholl auf dem Perlacher Friedhof in München beigesetzt. Er liegt direkt neben dem Gefängnis Stadelheim, in dem die Geschwister hingerichtet worden sind. Inge Aicher-Scholl berichtet:

» Wir haben Sophie und Hans ja begraben dürfen, was nicht selbstverständlich war. Aber den bürgerlichen Anschein wollte sich das System noch erhalten. Die Beerdigung fand spätnachmittags statt. Die Sonne war schon fast untergegangen, als wir den Friedhof verließen. Meine Mutter sagte in unser Schweigen, jetzt sei es an der Zeit, etwas zu essen. Sie machte so eine Andeutung wie: Ich muß mich auch noch um die lebenden Kinder kümmern. Gemeinsam – Traute Lafrenz war noch dabei – sind wir in ein Lokal gegangen. Die Mutter hat die Marken für die Fleischrationen von ich weiß nicht wie viel Tagen und Wochen zusammengenommen und hat eine kräftige Mahlzeit bestellt. Und ich denke immer, sie hat im Sinne von Sophie gehandelt. Dieser ›Befehl‹ von Sophie in der Vollzugsanstalt – ›Aber du auch, Mutter‹ –, dieses Ja zum Leben, das galt auch in der schwersten Situation. So habe ich eben nachher versucht, aus den Erfahrungen und Opfern in meinem bescheidenen Rahmen etwas aufzubauen, was in die Zukunft weist und dem Menschen helfen kann, ihn stimuliert und weiterbringt. «

Sippenhaft für den Rest der Familie

Die Hinrichtung der Geschwister Scholl genügte den Nationalsozialisten nicht. Der Rest der Familie kam in Sippenhaft. Einen Anklagegrund hatte man zunächst nicht. Aber der ließ sich leicht finden. Inge Aicher-Scholl berichtet über die Tage nach der Beisetzung ihrer Geschwister:

» Wir kehrten am Abend von München nach Ulm zurück, meine Eltern, mein Bruder Werner, Elisabeth und ich. Ich erinnere mich, wie wir in einer Art weltfernen Erschöpfung zusammensaßen und ich plötzlich zu meinem Vater sagte: ›Ich glaube, wir müssen noch mit etwas rechnen. Zumindest wird man dich jetzt nicht mehr arbeiten lassen.‹

Nach drei Tagen, als wir morgens miteinander frühstückten, klingelte es. An der Tür stand die Gestapo, um uns abzuholen. Nur Werner durfte bleiben. Er trug eine Uniform und war der Wehrmacht unterstellt. Einen der Beamten kannten wir von der Verhaftung meines Vaters und unserer eigenen Verhaftung inzwischen schon recht gut. Er betonte immer wieder, er wisse nicht, was mit uns geschehen werde. Aber er müsse uns zunächst in Schutzhaft nehmen. Dieser Beamte und Gestapo-Leute aus München haben uns immer wieder vernommen. Der eine hörte nicht auf zu beteuern, daß er nicht sagen könne, was mit uns los sei. Eigentlich gehörten wir ins KZ. Er meinte es fast gutmütig, aber natürlich waren wir froh, daß wir im Gefängnis bleiben konnten.

Einige Tage später mußte Werner wieder an die Ostfront, so daß er uns nicht mehr besuchen konnte. Dafür kam ein anderer Soldat, Fritz Hartnagel, der Freund von Sophie, der der mörderischen Schlacht von Stalingrad lebend entkommen war. Er kam mit verbundenen Händen, sah blaß und mitgenommen aus. So oft er nur durfte, besuchte er uns. Alle hatten Respekt vor einem Stalingradkämpfer.

Es wurde Ostern 1943. Wir hörten gelegentlich Nachrichten über die Kriegslage und über die Verhaftungen der übrigen Mitglieder der WEISSEN ROSE. Wir erfuhren, daß Professor Kurt Huber, Alexander Schmorell und Willi Graf ebenfalls zum Tode verurteilt worden waren. Es wurde Pfingsten, und wir waren noch immer nicht frei. Meine Schwester Elisabeth war inzwischen wegen einer Nierenerkrankung entlassen

worden und irrte in Ulm umher, um einen Anwalt für uns zu finden. Außerhalb der Gefängnismauer hatte sie fast noch ein schwereres Leben als wir. Sie mußte die Angst der Menschen miterleben, ihre Panik, wenn sie einen Bekannten grüßte. Die meisten blickten zur Seite, als würden sie angesteckt. Elisabeth kam sich manchmal wie eine Aussätzige vor.
Für uns drei fand man schließlich ein Belastungsmoment. Angeblich hatte jemand gesagt – wahrscheinlich haben sie das erfunden –, wir hätten Thomas Mann von einem Schweizer Sender abgehört. Insgeheim mußten wir lachen. Natürlich hatten wir Thomas Mann gehört, allerdings im britischen Sender BBC. Wegen des Abhörens wurden wir vernommen. Anschließend kamen meine Mutter und ich in Einzelhaft. In den folgenden Wochen zog ich mir eine Art Diphtherie zu, und auch der Gesundheitszustand meiner Mutter verschlechterte sich von Tag zu Tag, so daß die Justizbehörde uns aus gesundheitlichen Gründen Ende Juli vorübergehend entließ.
Im August wurde uns der Prozeß gemacht, und dabei trafen wir meinen Vater wieder. Wir waren gelassen und zugleich resigniert. Wir mußten mit einer Gefängnisstrafe rechnen. Überraschenderweise sprach der Richter meine Mutter und mich frei. Mein Vater erhielt eine zweijährige Zuchthausstrafe. Der schwerste Moment für uns, die wir frei waren, kam, als wir von dem Gerichtsgebäude zurück in unsere schöne Wohnung am Münsterplatz gingen und meinen Vater in seiner freudlosen Zelle zurücklassen mußten. 《

Inge Scholl hat nach 1945 die Ulmer Volkshochschule gegründet, und zwar ging sie von der Überlegung aus, »daß die Demokratie ohne fundiertes Wissen der Bürger auf wackligen Füßen steht«. Zwölf Jahre lang war Deutschland von der übrigen Welt und ihren geistigen Entwicklungen isoliert gewesen – durch eine alles beherrschende Propaganda und einen lähmenden Überwachungsapparat. Der Neubeginn eröffnete zugleich neue Möglichkeiten. »Das war eine große Chance und auch eine Herausforderung für eine moderne Erwachsenenbildung.«
Parallel zur Volkshochschule bereitete Inge Scholl zusammen mit Otl

Aicher und einem Kreis von Freunden die Gründung der Hochschule für Gestaltung in Ulm vor, die schließlich im Oktober 1955 ihre Arbeit aufnehmen konnte. An ihr sollten junge Leute auf einzelnen Gebieten der Gestaltung der zivilisatorischen Umwelt – Gebrauchsgegenstand, Wohnung, Stadt, Landschaft, Massenmedien – ausgebildet werden. Eine moderne, offene Pädagogik schuf die Voraussetzung dafür, intellektuelle und manuelle Prinzipien in Einklang zu bringen. Nach zehnjährigem Bestehen wurde die Ulmer Hochschule für Gestaltung »durch politischen Unverstand« (Inge Aicher-Scholl) geschlossen. Die Volkshochschule existierte weiter und verspricht nach dem Urteil ihrer Gründerin auch in Zukunft hoffnungsvolle Entwicklung, »vorausgesetzt, die Bürokratie nimmt ihr nicht den Atem«.

»Ich war wie erstarrt«
Nach Stalingrad die Nachricht aus Ulm

Fritz Hartnagel hat von dem Tod seiner Freundin erst später erfahren. Im Mai 1942 hatte er sie zum letztenmal gesehen. Danach mußte der Offizier Hartnagel nach Rußland zurück, und fortan konnten sie nur noch Briefe austauschen. In Rußland war Hartnagel Kompaniechef in einer Nahaufklärungsgruppe, die im Rahmen der 6. Armee an dem Vormarsch auf Stalingrad beteiligt war und mit dieser eingekesselt wurde. Wie durch ein Wunder konnte er als Verwundeter mit einem der letzten Flugzeuge der Hölle von Stalingrad entkommen. Er erreichte ein Lazarett in Polen, wo er von der Mutter Scholl einen Brief erhielt. Fritz Hartnagel erinnert sich:

» Sie schrieb mir, daß gegen Sophie und Hans eine Verhandlung vor dem Volksgerichtshof stattgefunden habe und beide zum Tod verurteilt worden seien. Als sie diesen Brief schrieb, wußte sie offenbar noch nicht, daß die Todesurteile bereits vollstreckt waren. Ich meldete mich beim Chefarzt. Dieser hatte Verständnis für meine Situation und entließ mich nach Ulm. Ich fuhr über Berlin, um beim Volksgerichtshof ein Gnadengesuch einzureichen. Am Abend zuvor rief ich von Berlin aus in Ulm an. Sophies Bruder Werner war als einziger zu Hause. Von ihm erfuhr ich, daß Sophie und Hans hingerichtet worden waren und daß anschließend die Eltern und die Schwestern Inge und Elisabeth, meine jetzige Frau, in Sippenhaft genommen worden waren. Zunächst war ich wie erstarrt. Die Nachricht wirkte wie ein Schock auf mich. Ich konnte Werner nur noch sagen, ich käme mit dem nächsten Zug nach Ulm. Ich bin kein Mensch großer Gefühlsausbrüche, aber es war eine schlimme Zeit, auch als ich in Ulm ankam und außer Werner niemand da war. Als Verwundeter noch nicht wieder dienstfähig geschrieben und allein in Ulm herumzuirren, das war deprimierend. Einen ersten Lichtblick gab es, als Ende April Elisabeth aus gesundheitlichen Gründen aus dem Gefängnis entlassen wurde. Von da an hat sich unsere Beziehung von allein ergeben. Sie war für mich die logische Fortsetzung der Beziehung zu Sophie. Ich kannte die Familie Scholl seit Jahren. Nach diesen schrecklichen Ereignissen ergab sich zwischen uns von Anfang an eine selbstverständliche Nähe. «

Fritz Hartnagel hat nach dem Krieg Jura studiert und ist Richter geworden. Der Wiederbewaffnung der Bundesrepublik in der zweiten Hälfte der fünfziger Jahre widersetzte er sich. Er konnte sich nicht vorstellen, daß eine Armee ohne die alten Nazi-Offiziere aufgebaut werden könne. Hartnagel betreute jahrelang Kriegsdienstverweigerer, war im Kampf gegen die Atombewaffnung aktiv, in den sechziger Jahren an der Ostermarschbewegung beteiligt und engagierte sich im Widerstand gegen die Notstandsgesetze 1968.

Sich nicht anpassen lassen…
Gespräch mit der Schriftstellerin
Ilse Aichinger
über Sophie Scholl

Bei dem Versuch, »aus den Erfahrungen und Opfern etwas aufzubauen, was in die Zukunft weist«, stand Inge Scholl nicht allein. Andere halfen ihr, und zu ihnen gehört die österreichische Schriftstellerin und Lyrikerin Ilse Aichinger, Jahrgang 1921 wie Sophie Scholl und vom Schicksal der Geschwister Scholl tief geprägt. Ilse Aichinger veröffentlichte 1948 ihren ersten Roman ›Die größere Hoffnung‹. Sie erzählt darin die Geschichte eines rassisch verfolgten Mädchens in der Hitlerzeit. Sein versöhnlicher Ton geht auf den »Einfluß« der Geschwister Scholl zurück, über die die Autorin Anfang der fünfziger Jahre ein längeres Hörfunk-Feature verfaßt hat und deren Briefe und Tagebuchaufzeichnungen sie genau kennt. Sie war auch an der Entstehung des Buches Die Weisse Rose von Inge Scholl beteiligt. Darüber hinaus wirkte sie in dieser Zeit beim Aufbau der Hochschule für Gestaltung in Ulm mit, begann Erzählungen und Hörspiele zu schreiben und gehörte bald mit diesen Dichtungen, die zwischen Tagwissen und Traumerfahrung angesiedelt sind, zu einer der wichtigen Nachkriegsautorinnen. 1953 heiratete Ilse Aichinger den Lyriker Günter Eich. Die Freundschaft zu den Schwestern und Freunden von Sophie Scholl hat seit der Ulmer Zeit festen Bestand.

An einem Februarnachmittag besuchte ich Ilse Aichinger in der österreichischen Kleinstadt Großgmain unmittelbar an der Grenze zu Oberbayern. Die Berge um Großgmain sind an diesem Tag durch Nebelbänke von der Erde getrennt: Ilse Aichinger mag sie nicht besonders. Für sie haben die mächtigen Felswände etwas Bedrohliches. Sie bewohnt dasselbe Haus, in dem sie schon mit ihrem vor sieben Jahren verstorbenen Mann, Günter Eich, lebte. Ihre 88 Jahre alte Mutter, mit der sie die Schrecken der Hitlerjahre teilte, wohnt bei ihr.

Die Vergangenheit ist in der häuslichen Umgebung so gegenwärtig wie die Berge von Großgmain. Die Großmutter von Ilse Aichinger wurde 1942 in ein Konzentrationslager deportiert. Über sie schrieb die Schriftstellerin: »Wer die Toten vergißt, bringt sie noch einmal um. Man muß den Toten auf der Spur bleiben. Ich hab' die Verbindung zu meiner Großmutter. Sie hat eine gute Art, dazubleiben, wie auch Günter.« Damit ist ihr verstorbener Mann gemeint. Und sie hätte hinzufügen können: wie auch die Geschwister

Scholl und deren Gefährten, die für Ilse Aichinger gegenwärtig und daher lebendig geblieben sind. Über sie spricht sie in einer sehr lyrischen, fast biblischen Sprache, die in manchen Wendungen an ihre Dichtungen erinnert – an diesem Nachmittag im Februar 1980:

H.V.: Frau Aichinger, im Februar 1943 wohnten Sie mit Ihrer Mutter in Wien. Die Nachricht von der Hinrichtung der Geschwister Scholl und anderer Mitglieder der Weissen Rose wurde über sogenannte Feindsender verbreitet, den britischen Rundfunksender BBC und über Schweizer Sender. Wo und wie haben Sie davon gehört?
I. A.: Da ich Halbjüdin bin – meine Mutter ist Jüdin –, durften wir kein Radio besitzen, und irgendwo sonst einen Auslandssender zu hören, wäre für uns doppelt gefährlich gewesen. Ich habe die Namen zum erstenmal auf einem Anschlag gesehen an einem dieser frühen Vorfrühlingstage, wie es sie im Februar geben kann. Ich sah sie an einer Mauer der inneren Stadt nahe dem jüdischen Tempel, nahe der Residenz der Geheimen Staatspolizei und nahe von Adalbert Stifters ehemaliger Wohnung in Wien, auf einem der unverkennbaren Anschläge, die die zum Tode Verurteilten anprangerten. Dort las ich zum erstenmal die Namen der Weissen Rose. Ich kannte keinen dieser Namen. Aber ich weiß, daß von ihnen eine unüberbietbare Hoffnung auf mich übersprang. Das geschah nicht nur mir. Diese Hoffnung hatte, obwohl sie es uns möglich machte, in dieser Zeit weiterzuleben, doch nichts mit der Hoffnung auf Überleben zu tun.
H.V.: Können Sie genauer beschreiben, was Sie damit meinen? Haben Sie mit Freunden darüber diskutiert?
I. A.: Ich war in einigen Jugendgruppen, in denen das wie ein Fanal wirkte. Es hat vielen auch noch zu sterben geholfen, in Hoffnung zu sterben geholfen. Und den anderen zu leben, trotzdem. Es war wie ein geheimes Licht, das sich über das Land gebreitet hatte und wie ein Glück. Ich erinnere mich, daß ich einmal um diese Zeit auf der Straße ging und einen Bekannten traf, der sagte: »Strahlen Sie nicht so! Sonst werden Sie jetzt noch verhaftet.« So war es. Wir hatten keine große Chance zu überleben. Aber das war es eben nicht. Es war kein Überleben. Es

war das Leben selbst, das uns durch diesen Tod der Geschwister Scholl und ihrer Gefährten angesprochen hat.
H.V.: Hat das Schicksal dieser Widerstandsgruppe ihr eigenes Verhältnis zu dem, was sie selber erfahren mußten, was Ihre Familie mitmachen mußte, bestimmt?
I.A.: Ja, es hat mir sehr geholfen und auch meiner Mutter, diese letzten gefährdeten Zeiten in Ruhe und fast in Frieden zu überstehen. Es war eben die Hoffnung. Man kann ja ohne sehr vieles leben. Man kann leben, ohne etwas zu haben. Aber man kann nicht leben, ohne etwas *vor sich* zu haben, und zwar vor sich in einem auch noch anderen Sinne als dem der Zeitlichkeit. Vor sich im Sinne von *in sich*. Man kann nicht ohne Hoffnung leben. Und diese Hoffnung war so stark in den letzten Jahren, gerade nach der Hinrichtung der Geschwister Scholl und ihrer Freunde.
H.V.: Haben Sie damals Einzelheiten von dieser Widerstandsgruppe erfahren?
I.A.: Damals wenige. Erst nach dem Krieg habe ich in einer englischen Zeitung die genaue Geschichte der Weissen Rose gelesen, soweit das in einer Illustrierten geschildert werden konnte, die ersten Bilder gesehen. Das hat mich in einem Maß wieder zurückgerufen, daß ich – man könnte es falsch verstehen, aber es war so – Heimweh bekam nach den finsteren Zeiten. Aber vor allem Heimweh nach den Geschwistern Scholl. Und so war ich dann sehr glücklich, nachdem ich mein Medizinstudium aufgegeben und ein Buch über diese Verfolgungszeit – ›Die größere Hoffnung‹ – geschrieben hatte, daß ich von Inge Scholl zum erstenmal zum Lesen nach Deutschland eingeladen wurde. Und so war das Haus der Volkshochschule Ulm auf dem Marktplatz neun das erste Haus, das ich in Deutschland betrat, Ulm die erste Stadt, die ich betrat, und Inge Scholl der erste Mensch, den ich dort sah, mit dem Kreis von Freunden um sich.
H.V.: Frau Aichinger, Sie haben über die Geschwister Scholl geschrieben. Wie ist das zu erklären, daß eine Gruppe von jungen Menschen, die lebensbejahend waren, sich plötzlich entscheiden, ein Regime zu bekämpfen, während zur gleichen Zeit ihre Altersgenossen zu 99 Prozent bereit waren, dafür sogar in den Krieg zu ziehen?

I. A.: Der Krieg ist ja eine Möglichkeit, den Tod vor dem Tod zu verstecken, den Tod mit dem Tod zu verdecken. Daß man den Dingen nicht mehr ins Auge schaut, weder dem Leben noch dem Tod. Man sagt ja auch nicht: Ein Soldat ist gestorben, sondern er ist gefallen. Ich glaube, viele sind dem Krieg einfach unterlegen. Sie sind auch gezwungen worden.
H. V.: Welche Rolle spielte in diesem Zusammenhang das Elternhaus?
I. A.: Das bürgerliche Elternhaus der Geschwister Scholl war insofern wichtig, als es ein Elternhaus war, in dem schon immer Bücher gelesen, diskutiert und gesprochen wurde über Literatur und Politik. Sie hatten ein politisches Elternhaus. Das sind auch Pfeiler, auf denen so etwas ruht.
H. V.: Ein politisches Elternhaus, aber gewiß auch ein tolerantes.
I. A.: Ein sehr tolerantes Elternhaus, das sie einfach nach allen Seiten suchen ließ. Sie gehörten der Jugendbewegung an. Sie haben kurze Zeit auch der Hitler-Jugend angehört. Man hat sie nur gewarnt, ganz leise. Man hat sie gehen lassen. So sind sie über diese Klippe gut hinübergekommen. Vor allem Sophie Scholl, an deren Briefen und Tagebuchaufzeichnungen man deutlich sieht, daß Märtyrer nicht zufällig sind. Wäre sie nie mit diesem Schicksal konfrontiert worden, so wäre sie in jedem anderen scheinbar bürgerlichen, scheinbar geborgenen Schicksal genau dieselbe gewesen, von genau demselben Wert.
H. V.: In dem Tagebuch von Sophie Scholl und in ihren Briefen fällt eine Klarheit der Gedanken auf, wenn sie über Krieg und Soldatsein schreibt. Gleichzeitig spürt man ein ganz intensives Fühlen, Empfinden, Mitempfinden. Ist das nicht ein Widerspruch?
I. A.: Sophie Scholl hat einmal geschrieben, man muß einen harten Geist und ein weiches Herz haben. Das ist kein Widerspruch. Sie war lebensbejahend. Nie im Leben hat sie an das, was die Nazis bombastisch den Heldentod und Feierlichkeiten mit Trommelwirbel nannten, gedacht. Überhaupt nicht. Sie dachte an das Leben. Ich glaube bis zuletzt, bis zu ihrem letzten Traum in der Nacht vor der Hinrichtung.
H. V.: Sophie Scholl hat viele Träume gehabt. Einige davon hat sie auch niedergeschrieben. Wie wirken sie auf Sie?

I. A.: Ja, so exakt. So genau, wie man sich manchmal wünschte, daß Sprache sein sollte. Wenn ich Joseph Conrad lese oder James Joyce, da finde ich eben die Exaktheit der Träume von Sophie Scholl wieder. Die Genauigkeit, die sich nichts vormachen läßt.
Sie schreibt einmal: *Wir haben alle unsere Maßstäbe in uns selbst, nur werden sie zu wenig gesucht. Vielleicht auch, weil es die härtesten Maßstäbe sind.* Die Exaktheit der Träume, ihre Präzision... Man könnte fast sagen, hellsichtig, aber es ist ein so verbrauchtes Wort. Ich möchte sagen: genau.
H.V.: Das wäre ein Stück Wirklichkeit in der Unwirklichkeit.
I. A.: Ja, ein Stück viel größerer Wirklichkeit, als die Wirklichkeit damals und heute zu geben imstande ist. Die Wirklichkeit ist nicht imstande, ohne Gegenleistungen zu geben. Sie kommt nur hervor, wenn man sie kontert, wenn man sie nicht anerkennt, wenn man sich nicht anpaßt.
H.V.: Denken Sie gerade an einen bestimmten Traum von ihr? Oder können Sie das, was sie soeben gesagt haben, vielleicht in Verbindung bringen mit einem der von ihr beschriebenen Träume?

I. A.: Ich glaube, es ist dieser Traum der letzten Nacht, wo sie mit dem Kind in den Armen den steilen Berg hinaufgeht und sich plötzlich vor ihr eine Gletscherspalte auftut. Aber, so erzählt sie, sie kann das Kind noch auf die gesicherte Seite legen, dann stürzt sie hinab.
H.V.: Sophie Scholl hat sich sehr bald, nachdem sie im Mai 1942 in München zu studieren begonnen hatte, der WEISSEN ROSE angeschlossen. War das ein Sich-Anschließen vielleicht aus Bewunderung für den älteren Bruder oder war das eine selbständige Entscheidung?
I. A.: Ich nehme an, daß es beides im gleichen Maße war. Auf alle Fälle war es auch eine sehr selbständige Entscheidung. Denn sie hätte ja sagen können: Ich halte mich heraus. Ich kann das den Eltern nicht antun. Ich zieh' weg von euch, wenn ihr das macht. Aber sie hat doch selbständig über alles hinaus sich für den Widerstand entschieden. In diesem Augenblick muß ihr schon einiges klargewesen sein, denn wenn man im Nazi-Deutschland gelebt hat, konnte einem klarsein, was die größere Möglichkeit ist, wenn man so etwas macht.
H.V.: Ich glaube, daß Sophie Scholl

in manchen Dingen noch entschiedener dachte als andere Mitglieder der Widerstandsgruppe. Woran liegt diese Radikalität, die gelegentlich bei Frauen zu finden ist?
I. A.: Diese Radikalität war in ihr angelegt. Sie ist sicher wie viele andere auf einem Schulausflug – das habe ich mich oft gefragt – staubbedeckt und blumenpflückend mitgelaufen. Und niemand hätte sie eigentlich erkennen können, außer vielleicht an der Fröhlichkeit und an der Aufgeschlossenheit. Wann der Augenblick war, an dem sich Sophie Scholl zum erstenmal gegen sich selbst entschieden hat, das wissen wir nicht. Aber es gibt ihn so sicher wie den Punkt in einer geometrischen Zeichnung, von dem die Linien ausgehen und in dem sie zusammenlaufen. Es gibt da eine Stelle von ihr, die sie im Arbeitsdienst geschrieben hat: *Bisher konnte ich mich noch ziemlich im Hintergrund halten dank meiner Schüchternheit. Wenn ich es nur weiterhin könnte. Ich bemühe mich sehr, mich von den augenblicklichen Einflüssen möglichst unberührt zu halten. Nicht von den weltanschaulichen und politischen, die mir bestimmt nichts mehr ausmachen, aber von den Stimmungseinflüssen.* Und dann kommt eben diese Stelle:

Man muß einen harten Geist und ein weiches Herz haben.
H. V.: Es gibt Leute, die haben gesagt und sagen noch immer, daß das, was die WEISSE ROSE gemacht, was diese Studenten in München unternommen haben, um den Nationalsozialismus zu bekämpfen, unvernünftig und leichtsinnig gewesen sei.
I. A.: »Vernunft« ist ein sehr gefährliches Wort. Man muß sie haben. Jeder muß sie haben, aber nur, um sie im geeigneten Augenblick über Bord zu werfen. »Leichtsinnig« ist ein zu leichtes Wort. Leichtsinnig, ich weiß nicht... Sie haben genau gewußt, was ihre Aktionen auslösen würden in bezug auf ihr eigenes Schicksal. Und sie haben geahnt, was ihre Aktionen in bezug auf die Zukunft auslösen werden, wenn das auch jetzt nicht so scheint. Sie haben gespürt, daß da etwas in die Luft kommt, was vorher nicht drin war. Das haben sie stärker gespürt als wir jetzt. Das wußten sie. Sie haben ihr Leben für die anderen hingegeben in Gewaltlosigkeit. Ich halte deshalb den Versuch des Widerstandes der Geschwister Scholl und ihrer Gefährten für einen gelungenen Widerstand, für einen geglückten Widerstand – vielleicht für den ge-

glücktesten Widerstand im Dritten Reich.
H.V.: War es ein politischer Widerstand?
I.A.: Es war natürlich ein politischer Widerstand. Aber was ist nicht politisch, wenn die Grenzen einmal überschritten sind. Zugleich würde ich sagen: Es war noch mehr als ein politischer Widerstand. Es war auch ein Widerstand von ganz innen her. Eigentlich ein Widerstand des Lebens, der Wahrheit, der Wärme und des Geistes vor allem. Meine Überzeugung ist, das, was die Geschwister Scholl und ihre Gefährten getan haben, was Sophie Scholl getan hat, gerade sie als Mädchen, bleibt in der Luft und wirkt weiter.
H.V.: 1968 haben die Studenten, die eine Gedenkfeier an der Universität München störten, gesagt: Diejenigen, die dort die Geschwister Scholl und ihre Mitstreiter feiern, haben gar kein Recht dazu. Das sind Heuchler. Wer darf denn die Geschwister Scholl und ihre Gefährten feiern? Darf man sie überhaupt feiern?
I.A.: Sicherlich ist das ein Recht, das jeder sich selbst erkämpfen muß, in seiner eigenen Seele. Wer von denen mit Recht die Geschwister Scholl und ihre Gefährten gefeiert hat, wer mit Unrecht, wer will das damals oder heute sagen? Das kann man nur von sich selbst sagen und sonst von keinem. Aber man muß erkennen, daß sie nie zu den Angepaßten gehört haben. Eine Tagebucheintragung von Sophie Scholl belegt das: *Heute abend, als ich aus dem allgemeinen lustigen Trubel geschwind aufschaute, sah ich durchs Fenster den Abendhimmel, durch die kahlen Bäume den gelben Horizont. Da fiel mir plötzlich ein, daß Karfreitag war. Der so seltsam ferne gleichgültige Himmel machte mich traurig. Oder die öde lachenden Menschen, die so beziehungslos zu dem Himmel waren. Ich kam mir ausgeschlossen vor von der lustigen Gesellschaft und von dem unbeteiligten Himmel.* Und jetzt kommt eine für mich entscheidende Stelle: *Ich fürchte, ich gewöhne mich allmählich ein. Ich werde mich zusammennehmen. Das Lesen abends wird mir dabei helfen.* Ich glaube, sie las damals Augustinus. Aber sie hätte auch Marx lesen können. Das Lesen abends hat ihr dabei geholfen. Es gibt eine wahre Geschichte von Gustav Heinemann, dem die Jugend zu einem seiner Geburtstage in Bonn ein Ständchen aufspielte. Er brachte es ja fertig, keine einzige

Platitüde zu sagen. Er trat heraus und sagte dem Sinne nach: »Ihr seid jung, und Eure Aufgabe ist es, älter zu werden.« Wenn ich mir heute die jungen Leute oder die Kinder ansehe, dann frage ich mich immer: Wie würdest du es fertig bringen, ein Todesurteil zu empfangen, gleichgültig, ob von politischen Mächten oder von Ärzten? Wie willst du es fertig bringen, auch alt zu werden?
H.V.: Wenn heute Jugendliche sich mit den Geschwistern Scholl und der Weissen Rose beschäftigen, was, meinen Sie, können sie daran lernen?
I. A.: Sich nicht anpassen lassen. Die kleinen Träume vergessen, damit die großen nicht vergessen werden. Sich noch weniger denn je anpassen lassen an diese Welt, die sie immer deutlicher zur Verzweiflung treibt, gerade die Jugend.

Zu den Bildern

Umschlag: Sophie Scholl auf der Schwäbischen Alb, im Frühjahr 1940
Seite 2: (Von links nach rechts) Hans Scholl, Sophie Scholl und Christoph Probst. Dieses Foto entstand unmittelbar vor dem Abtransport der Studentenkompanie nach Rußland im Juli 1942. Alle drei wurden am 22. Februar 1943 hingerichtet.
Seite 12: (Von links nach rechts) Werner, Sophie und Elisabeth Scholl, um 1932
Seite 14: Sophie Scholl, ebenfalls um 1932
Seite 20/21: Sophie Scholl (rechts) mit einem Nachbarskind, Ulm 1932 oder 1933
Seite 23: Sophie Scholl im Alter von etwa 12 Jahren
Seite 24: Sophie Scholl, etwa 15 Jahre alt
Seite 25: Sophie Scholl, etwa 15 Jahre alt
Seite 31: Illustration von Sophie Scholl, entstanden etwa 1937 oder 1938
Seite 32: Freundin Lisa, Zeichnung von Sophie Scholl, entstanden etwa 1938
Seite 33: 's Dieterle, Zeichnung von Sophie Scholl, entstanden etwa 1940
Seite 35: Illustration von Sophie Scholl, wahrscheinlich zu ›Peter Pan‹, entstanden etwa 1940 oder 1941
Seite 38: Sophie Scholl als Jungmädel um 1935
Seite 41: Sophie Scholl um 1936/37
Seite 44: Sophie Scholl um 1937
Seite 48/49: Sophie Scholl und ihr Bruder Werner auf der Schwäbischen Alb, im Frühjahr 1940
Seite 55: Sophie Scholl, im Frühjahr 1940
Seite 58/59: Sophie Scholl, 1938
Seite 62, 64 und 65: Sophie Scholl am Ufer der Iller, 1938
Seite 72: Sophie Scholl, Ulm 1940
Seite 75, 76 und 77: Alle drei Zeichnungen von Sophie Scholl entstanden vermutlich während ihrer Zeit als Praktikantin im Kinderheim in Bad Dürrheim, August 1940.
Seite 80/81: Sophie Scholl (unten rechts) feiert ihren 20. Geburtstag im RAD-Lager in Krauchenwies, Mai 1941.
Seite 88: Sophie Scholl, 1941
Seite 92: Sophie Scholl, Juli 1942. Ausschnitt aus dem Foto auf Seite 2.

Seite 94: Hans Scholl, vermutlich 1941
Seite 99: Alexander Schmorell, geboren am 16. September 1917, hingerichtet am 13. Juli 1943
Seite 101: Christoph Probst, geboren am 6. November 1919, hingerichtet am 22. Februar 1943
Seite 103: Willi Graf, geboren am 2. Januar 1918, hingerichtet am 12. Oktober 1943
Seite 105: Professor Kurt Huber, geboren am 24. Oktober 1893, hingerichtet am 13. Juli 1943
Seite 108/109: Alexander Schmorell (rechts außen), Sophie Scholl (hinten Mitte), Hans Scholl (links, neben der Aktenmappe), Juli 1942 (vgl. Seite 2)
Seite 117: Sophie Scholl, 1940 oder 1941
Seite 120: Hans Scholl als Soldat in Rußland, Spätsommer 1942
Seite 135 und 137: Hans Scholl und Alexander Schmorell. Die beiden Zeichnungen von Sophie Scholl sind Ende 1942 oder Anfang 1943 entstanden. Sophie Scholl hat darunter mit Hand geschrieben: »Hans u. Alex spielen oft zusammen Klampfe und Balalaika. Das klingt fein. Manchmal singen wir auch dazu.«
Seite 142: Sophie Scholl, Paßfoto, 1942
Seite 151: Selbstporträt, Zeichnung von Sophie Scholl, entstanden etwa 1937/38

Das Buch von Inge Scholl, Die Weisse Rose, ist im Fischer Taschenbuch Verlag (Nr. 88) und als erweiterte Neuausgabe in der Fischer Bibliothek erschienen.
Ebenfalls im Fischer Verlag erschienen ist Inge Jens (Hrsg.), Hans Scholl, Sophie Scholl. Briefe und Aufzeichnungen.
Das auf Seite 107 erwähnte Buch von Richard Hanser erschien u.d.T. Deutschland zuliebe. Leben und Sterben der Geschwister Scholl. Die Geschichte der Weissen Rose im Kindler Verlag, München, und als Taschenbuch bei dtv.

Ebenfalls in der Ravensburger Jungen Reihe erschienen:

Natürlich weiß Piri, daß sie Jüdin ist. Nur hat das in ihrem bisherigen Leben kaum eine Rolle gespielt. Doch mit dem Krieg wird alles anders. Die judenfeindliche Stimmung nimmt zu; die Familie kämpft um ihren Zusammenhalt, ihre Würde, ihr Überleben. Der Vater ist an der Front, Piris älteste Schwester wird verhaftet und nach Polen verschleppt.
Dennoch behauptet sich die Mutter mit zäher Beharrlichkeit, ganz egal, ob es darum geht, eine Ziege zu organisieren oder Menschenleben zu retten. Jüdische Flüchtlinge aus den von den Deutschen besetzten Gebieten strömen nach Ungarn. Auch Piri hilft mit, übernimmt Kurierdienste, schmuggelt Lebensmittel – bis auch in Ungarn die jüdische Bevölkerung in Lager gepfercht wird. Piri ist vierzehn und zum erstenmal verliebt, als sie auf den Abtransport nach Deutschland wartet. Warum, fragt sie sich, sind wir eigentlich alle so gehorsam?

Aranka Siegal,
Weißt du nicht, daß du Jüdin bist

Aus dem Amerikanischen
von Heike Brandt
Leinenband mit Schutzumschlag,
240 Seiten · ISBN 3-473-35077-X

Buch des Monats August 1985;
Deutsche Akademie für Kinder- und Jugendliteratur, Volkach

,,Der Bunte Hund" –
Empfehlungsliste September 1985

Auswahlliste zum Gustav-Heinemann-Friedenspreis 1986

Otto Maier Ravensburg

Ebenfalls in der Ravensburger Jungen Reihe erschienen:

Januar 1933. Eine jüdische Familie muß Berlin verlassen. Zurück bleibt, neben vielem anderen, auch das Lieblingsspielzeug des Mädchens Anna, das rosa Kaninchen. Die Flucht führt zunächst in die Schweiz. Am Zürich-See ändert sich das sorglose, geruhsame Leben, das die Familie in Berlin geführt hat. Anna und ihr Bruder Max gehen in eine Schweizer Schule, haben Schweizer Freunde, aber sie erfahren auch zum ersten Mal, was es heißt, Juden zu sein. Der Vater verdient nicht genug, um die Familie zu unterhalten. Er hofft, in Paris werde er mehr Glück haben. Aber auch dort bleiben die Kerrs nur geduldete Emigranten.

Judith Kerr,
Als Hitler das rosa Kaninchen stahl

Aus dem Englischen
von Annemarie Böll

Lam. Pappband
mit Schutzumschlag, 184 Seiten
ISBN 3-473-35007-9

Ausgezeichnet mit dem
Deutschen Jugendliteraturpreis

Otto Maier Ravensburg

Jeder redet vom Frieden: die Politiker im Parlament, die Lehrer in der Schule, die Schriftsteller in ihren Büchern, die älteren Geschwister, wenn sie für den Frieden auf die Straße gehen, und vielleicht auch die Eltern am Abendbrottisch.
Aber: Was ist Frieden?

Und was das Gegenteil davon – der Krieg?
Fängt Frieden erst an, wenn Menschen einander nicht mehr im Krieg töten?
Fängt Frieden nicht früher, woanders an?

Zuhause zum Beispiel? In der Klasse? Unter Freunden? Bei Fremden?
Diese heiteren und ernsten Geschichten, die die bekannte Schriftstellerin Gudrun Pausewang hier erzählt, zeigen: Frieden muß man lernen, denn Frieden kommt nicht von allein.
Ein Buch zum Vorlesen und Selberlesen, zum Drüber-Reden und Drüber-Nachdenken für Kinder ab 10 Jahren.

Otto Maier Ravensburg

Gudrun Pausewang,
Frieden kommt nicht von allein

Geschichten um Frieden und Freundschaft.

Lam. Pappband, 144 Seiten
ISBN 3-473-37324-9

Auswahlliste zum Gustav-Heinemann-Friedenspreis 1983

Auswahlliste zum Sonderpreis des Deutschen Jugendliteraturpreises

„Ausblicke auf Morgen – Zukunftsangst und Zukunftshoffnung im Kinder- und Jugendbuch der Gegenwart", 1986